Silvia Pérez
Walter Ghedin

Autogestionar la felicidad

Autogestionar la felicidad
es editado por
EDICIONES LEA S.A.
Av. Dorrego 330 C1414CJQ
Ciudad de Buenos Aires, Argentina.
E–mail: info@edicioneslea.com
Web: www.edicioneslea.com

ISBN 978-987-718-552-2

Primera edición. Impreso en Argentina.
Abril de 2018. Talleres Gráficos Elías Porter

Ghedin, Walter
    Autogestionar la felicidad / Walter Ghedin ; Silvia Pérez. - 1a ed
. - Ciudad Autónoma de Buenos Aires : Ediciones Lea, 2018.
    288 p. ; 23 x 15 cm. - (Alternativas ; 67)

    ISBN 978-987-718-552-2

    1. Autoayuda. 2. Bienestar Personal. I. Pérez, Silvia II. Título
    CDD 158.1

Prólogo

Hablar de felicidad a esta altura del siglo XXI parece más que nunca una utopía, un estado fugaz que solo se alcanza en algunos momentos especiales. Sin embargo, contamos con capacidades innatas preparadas para el bienestar y esperando ser descubiertas y ampliadas en sus modos de acción. Cercenadas por la vida diaria, la rutina, las exigencias externas y el avance tecnológico ¿Qué hacemos entonces con estas potencialidades atentas a salir en algún momento? Si no las conocemos, estaremos usando solo una parte de lo dado desde los primeros años, en detrimento de respuestas que mejoren la calidad de vida. La unión del mundo personal y del entorno sientan las bases psicológicas sobre las que se funda la lectura del libro de la vida. No obstante, este relato interno está sujeto a cambios al atravesar las diferentes etapas del desarrollo y de hacer de la introspección un ejercicio permanente. El camino de la propia existencia se entrega a la reflexión y al cuestionamiento; o quizá nunca exista este ejercicio transformador y se afiance la idea de una realidad esquemática, solo signada al detalle por las exigencias sociales y culturales.

Cada persona tiene responsabilidades, deberes y derechos sobre su vida. Solo basta con ahondar en nuestro interior para darnos cuenta de lo que somos y podemos ser. Este libro pretende profundizar en estas capacidades humanas intrínsecas y destacarlas como figuras fundamentales de la subjetividad. Percepción, inteligencia, emociones, pulsiones, deseos, motivaciones, valores, son todos aspectos que construyen el mundo interno y hay que aprender a dirigirlos mejor. Quizá de eso se trata la felicidad. No existen fórmulas ni normativas que ayuden a ejecutar respuestas más asertivas. La idea de que los logros deben ser valorados de manera superlativa no ayuda a integrar otras situaciones menos exitosas. Las sociedades valoran lo éxitos y el bienestar, por tanto, la búsqueda de estos objetivos como metas no puede ni debe ser cuestionada. La certeza de que la felicidad se logrará a medida que se llegue a esas metas se convierte en una exigencia, y al mismo tiempo subestima la riqueza de las potencialidades humanas. Pareciera que la dirección de la existencia tiene solo un camino posible en pos de algo que nos espera al final, que ya ha sido establecido por el gran programa social y cultural que todo lo domina.

Este libro conjuga las vivencias personales, la psicología, y la reflexión, asociación necesaria que sostiene estas páginas: "Pensar cómo estamos con nosotros mismos y con el mundo que nos rodea". Como autores, la idea directriz de este proyecto ha sido desarrollar los diversos temas que contribuyen a la expansión de lo humano, y de pensar las bases que componen el motor de la felicidad, para luego, una vez convertidas en conocimiento, reclamen ser ampliadas, en un despliegue congruente con los deseos más genuinos.

Silvia Pérez y Walter Ghedin.

PARTE 1

CAPACIDADES HUMANAS

Capacidades fisiológicas

Respiración
Por Silvia Pérez

Mientras me disponía a escribir acerca de la respiración, una vez más me sorprendía lo increíble que resulta tener que ocuparse de un acto espontáneo y natural del ser humano, sin el cual nadie estaría vivo. Hoy en día hay talleres de respiración por doquier, incluyendo los que yo misma dicto en ocasiones.

Respirar correctamente es algo más de lo que se ha robado la carrera vertiginosa en la que estamos sumergidos. Y es la clave de una vida armoniosa, saludable y longeva. Mientras estudiaba el instructorado de yoga comencé a experimentar esta verdad que hoy quiero compartir con ustedes. Compartirla es un modo de tenerla presente y seguir practicándola. Porque como toda experiencia, cobra valor al capitalizarla, al sacar a la luz lo positivo y bueno que nos ha dejado. Y créanme que para que esto suceda debo esforzarme día a día para ganarle a la "matrix" que se empecina en que sea alguien que no soy, alguien conveniente para un sistema que te asegura el slogan: "serás feliz si hacés esto, si sos así, si comprás aquello, si te mantienes joven, si sos exitoso". ¡Dios! Que angustia, ¿cierto? Y no te cuento el aire que te quita la angustia. Jamás nos dicen: "Respira profundo, tranquilo, tomate un momento, sentí qué te gusta, qué querés hacer...". Como si esto fuera poco, te alejás cada vez más de esa felicidad prometida, porque estás tan ocupado en mantenerte joven, flaco, exitoso y tomar un curso de respiración y meditación para poder relajarte y seguir en la carrera para no "fracasar", que tu verdadero ser queda sepultado. ¿Fracasar? Quiero aclararte que, aunque percibo claramente esta situación desde hace tiempo, eludirlo no es una tarea fácil en mi vida. A veces pienso que los que escribimos acerca de estos temas o dictamos cursos y damos charlas, no solo queremos servir y comunicar sino también estar atentos para no abandonar lo que vamos aprendiendo. La "matrix" es muy grande y fuerte. Tarde o temprano en algo te atrapa. Aunque sea un viaje a la Antártida porque el banco de turno te dice que serás feliz allá y se lo pagás en 18 cuotas. Vaya a saber qué destino elegiríamos libres del sistema.

Quizá te estarás preguntando qué tiene que ver la respiración con todo esto. Mucho. Respirar correctamente es la clave. Porque la respiración, entre algunas de las funciones que cumple, calma, relaja, cura, permite pensar mejor. Según los taoístas, la nutrición que se obtiene del aire que respiramos es la más importante para la salud y longevidad, inclusive más importante que la que se obtiene de las comidas y bebidas a través de la digestión, del consumo de todos los productos que en las propagandas te aseguran que serás feliz. Las publicidades de los bancos son furor mostrando que cuanto más gastas en ropa, viajes y zapatos, aunque dejes a tu bebé sin darle tanta atención, serás súper feliz. Agitadamente feliz.

Pero, ¿qué es respirar correctamente? Pues bien, es volver al comienzo, al nacimiento. Claro que nadie nos enseñó esto. Si observamos a un bebé cuando duerme o cuando mira la nada, veremos que se percibe una calma inigualable que invita a un comentario: "Que aproveche ahora que no tiene ningún problema". Pues, te invito entonces a que observes su respiración. ¿Viste que se le infla la pancita? Bueno, va por ahí. Ya lo veremos más adelante. Ellos llenan sus pulmones de aire, mientras que nosotros utilizamos menos de un tercio, con lo cual la respiración se hace cortita, y como consecuencia en algún momento sentimos que nos falta aire, que estamos cansados, sin fuerzas, sin ganas.

Por eso primero tenemos que tomar conciencia y luego accionar. Practicar y repetir una y otra vez, como cuando íbamos al colegio, para crear el hábito. La buena noticia es que ya está grabado en nuestro cuerpo, porque la mayoría de los seres nacimos respirando bien.

Respirar bien ayuda a dejar de sentir esa opresión en el pecho o tener que dar cada tanto una bocanada de aire profunda porque parece que nos ahogamos, es sentirse menos cansado, es tener una postura diferente y aliviar dolores de espalda, cervicales y otros. ¿Pensaste alguna vez que la respiración nos acompaña continuamente en cada acción que realizamos en esta vida? Está involucrada cuando te sentás, te parás, te agachás a buscar algo, levantas una valija, subes y bajas la escalera, cuando estás de pie, cuando vas al baño. En fin, no hay nada en lo que no intervenga.

Darse cuenta

No hace mucho tiempo atrás, una tarde fresca de octubre, el sol brillaba como nunca después de una semana de lluvia. Manejaba sin rumbo por la ciudad, cuando sentí conscientemente la opresión. La noche anterior había llorado desconsoladamente como una niña, como venía haciendo frecuentemente por un tema afectivo que me entristecía y me generaba impotencia. He aprendido con el tiempo que no siempre se puede hacer algo para que el otro no sufra. Pero por entonces no encontraba consuelo y cada mañana al salir a la vida enjugaba las lágrimas fingiendo que nada pasaba. Esa tarde un apretón en el pecho hermanado con un nudo en la garganta me detuvieron. Juntando fuerzas tomé una bocanada de aire. Pensé: "Me estoy ahogando". Eso que no aceptaba, me quitaba el aliento. Miré a mi alrededor: me acompañaban los mismos autos desde la última vez que había levantado la vista, avanzábamos unos escasos centímetros cada cinco minutos, la gente caminaba presurosa entre los coches, llevaban iPods y cubrían sus orejas con los auriculares, alternaban bicicletas al son de las bocinas… "Parece India", me dije. Empecé a sentir todo apretado. Hacia unas horas atrás en la clínica estética la doctora que me había atendido comentaba esa sensación, diciendo mientras suspiraba: "¡No sé qué pasa! Se siente raro todo, ¿no? Como angustia, no sé". Según estudié, el suspiro es el ejemplo de la respiración limpiadora espontánea. Se inspira rápido, seguido de una exhalación larga y forzada. Es la exhalación lo que limpia y relaja liberando el aire que se trabó.

Últimamente con mis amigas también hablábamos de ese pesar sin razón que sentimos. "No tengo motivos," suele decir María. ¿Será la vida, la incertidumbre?

Todo apretaba en la calle, la gente cruzando entre los autos, la señora que peleaba con el chofer de una Van y lloraba, la Van que se retiraba mientras ella, apoyada en la pared del estacionamiento, seguía llorando. No avanzábamos. Por un momento creí que me había distraído. Pero de inmediato reparé en que era todo lo contrario: dejé la distracción y estaba presente. No chateaba por WhatsApp. Lo último que le había escrito a mi hija decía "Keep breathing (seguí respirando) quién sabe lo que la marea puede traer", de la película *Náufrago*, con Tom Hanks.

De pronto sentí una necesidad imperiosa: ¡esto no puede seguir así! Hay opresión en todo y en todos. Tanto me enseñaron los grandes maestros y libros sobre la cura esencial de respirar, tanto le enseño a mi madre para que se relaje, para que se le atenúen los dolores, a mis alumnos... Y comprobé el refrán: "En casa de herrero, cuchillo de palo". Sepan, amigos lectores, que aun con el rótulo de mujer espiritual (lo que para muchos supone una vida feliz) que he adquirido últimamente, yo también sufro. Algunas veces olvido aplicar lo que sé o me falta la voluntad. En ese instante me di cuenta de que tenía que actuar, dirigirme directo hacia lo que me apretaba. Sabía que solo lo conseguiría en calma y quietud.

Recordé a un gran maestro tailandés, Artl Rong Jumsai, dando un seminario de valores donde explicaba los mecanismos de la mente. Un mujer le preguntó cómo se podía sacar de la mente subconsciente todo lo oscuro y malo que tenemos allí almacenado: "No se puede sacar –dijo con esa naturalidad que lo caracteriza–. Solo se puede poner luz y entonces la oscuridad no tendrá lugar para salir".

Entonces me di cuenta de que no podía matar a la opresión o sacarla por la fuerza, pero sí podía darle aire para que dejara de apretar, se disuelva y se libere. Una lucha pacífica con un arma disponible dentro de mí que, en definitiva y causalmente, es gracias a quien estoy viva: el aire que respiro. Sentada al volante y a la espera de la descongestión del tránsito, me dispuse a practicar la respiración básica.

Práctica

Y ahora te voy a guiar para que en cualquier momento puedas practicar esta respiración básica, que no conlleva ningún riesgo y es muy simple de entender y aplicar. Cuando estés cansado, te falte el aire, tengas miedo, dolores, o no sepas muy bien qué te pasa, comienza por respirar correctamente. Algo se modifica de inmediato.

Respiración básica

La respiración básica consta de tres fases: baja, media y alta, que constituyen, al unirlas, la respiración completa o profunda.

Podés practicarla al menos una vez al día. A la mañana, al levantarte, al acostarte o en cualquier momento en que sientas algún malestar físico, mental y/o emocional. Lo ideal sería una práctica de 15 minutos diarios al principio, aunque solo cinco minutos en cualquier momento de ansiedad, nervios, miedo u opresión harán la diferencia.

Se practica sentado, acostado o de pie. Sugiero empezar acostado para apoyar bien la columna e identificar mejor las zonas a trabajar. Pero luego podrás practicar sentado, y por último parado para comenzar a mejorar no solo la respiración, sino también para fortalecer la correcta postura del cuerpo. Y, finalmente, caminando.

Claro que si estás en la oficina o donde sea que trabajes, sentado, bastará con que dediques esos cinco minutos a tu respiración desde esa misma silla. Cómodo, con la columna lo más derecha posible, sin forzar. Solo echa los hombros hacia atrás y el pecho se abrirá.

Siempre recordá aflojar tus hombros, cuello y boca.

Respiración baja

- Nos acostamos sobre una colchoneta o un lienzo con las piernas flexionadas y sentimos el apoyo de la columna.

- Aflojamos caderas, hombros, mentón, cuello y entrecejo.

- Podemos colocar las manos sobre el vientre (del ombligo hacia abajo) para sentir el movimiento.

- Recordamos, al inhalar, sentir el aire entrando por los orificios nasales. Inhala lentamente, dejando que el aire vaya a la parte baja del vientre. Mientras inhalamos sentimos cómo se eleva suavemente la cavidad abdominal como un globo.

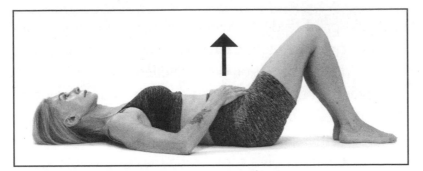

- A medida que exhalamos, sentimos que el abdomen se va hundiendo como si quisiéramos que la columna toque el piso.

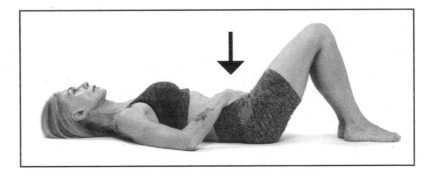

- La exhalación es también por nariz, aunque si te cuesta podés hacerlo por boca al principio.

- Repetimos dos veces más. Pensando que vamos llenando de aire la parte baja de los pulmones y la cavidad abdominal. Oxigenando cada uno de los órganos internos que contiene. Sin esforzarnos.

Aquí se encuentra el chakra (centro energético) de la creatividad. A este chacra le corresponde el elemento agua. En el agua se gesta la vida, la creación.

Respiración media

- Apoyamos las manos sobre el estómago (plexo medio) desde el ombligo hacia arriba. Los dedos medios apenas se tocan.

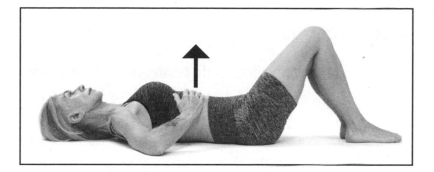

- Inhalamos lentamente, el aire ensancha el plexo hacia los costados, llenando de aire la zona media de los pulmones.

- Exhalamos lentamente, mientras el plexo vuelve a su posición.

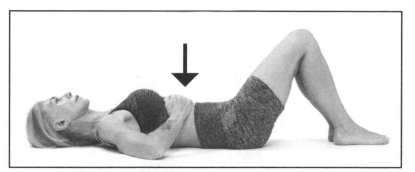

- Repetimos dos veces más. Todo el cuerpo flojo. El estómago se expande hacia los costados. Aquí se ubica el chakra de las emociones. El fuego es el elemento de esta zona. Por eso cuando estamos nerviosos o angustiados muchas veces nos duele el estómago o nos cae mal la comida. En ese caso, dale aire al estómago.

- Siempre inhala y exhala suave, sin forzar.

Respiración alta

- Los dedos pulgares debajo de las axilas, las manos apoyadas sobre las costillas. Hombros, cuello y boca flojos.

- Inhalamos lentamente por nariz, los pulmones se expanden dando más espacio al corazón, y se llenan de aire. Sentimos las costillas abrirse hacia los costados.

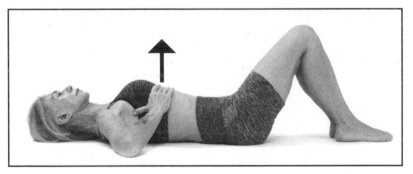

- Exhalamos también por nariz, suave y lentamente, si podés; si no, por boca. Las costillas vuelven a su posición normal.

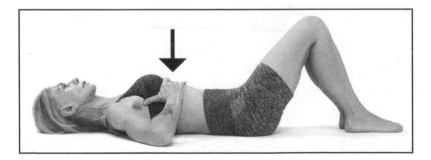

Repetimos dos veces más. El elemento de la naturaleza que corresponde a este chakra es el aire. Acá es donde nace el amor.

Respiración profunda/completa

En la respiración completa, la inhalación ocurre en los tres niveles que hemos descripto anteriormente. Primero el diafragma se mueve hacia abajo empujando el abdomen hacia arriba. Luego se expanden los músculos intercostales de las costillas, y llevan el aire hacia la parte media de los pulmones. Finalmente el aire llega a la parte superior. A esta última se la suele llamar: respiración clavicular. La respiración clavicular sola se produce en forma espontánea cuando nos dominan la ansiedad y las tensiones.

Cuando te sientas nervioso, haz unas cuantas inspiraciones abdominales profundas, reteniendo por unos segundos, y exhalando suave, lentamente y de forma sostenida ¡La ansiedad desaparece al instante!

La madre de todo el proceso respiratorio se encuentra en la MENTE. La mente es como un mono saltarín, al que le gusta escurrirse de un lado a otro, y es poco amigable con la concentración prolongada en un mismo lugar. Es más divertido y fácil para ella estar en varios lugares al mismo tiempo, en fantasías y pensamientos… y no quedarse en ninguno. Agotada, hace anclaje en el famoso "estrés mental", justificando las no ganas, la abulia, la opresión, el no darse cuenta.

Mi papá

El instante que me llevó a tener más conciencia sobre la vida y la "muerte", fue aquel en que mi papá dejó esta vida. Apenas amanecía cuando casi volaba con mi auto por las calles vacías y calientes de ese triste enero. Llegué corriendo por los pasillos al hospital. Recuerdo su mirada ni bien entré, meneando la cabeza como diciendo: "Otra vez…". Una vez más, le costaba respirar. Ya no tenía el respirador. Él y yo. A solas. Mi querida Elsa, la mujer que lo cuidaba, se hizo a un lado. Lo tomé de la mano. Observaba su respiración. Su cuerpo se movía al inhalar y exhalar. Un suave sonido se escuchaba en cada movimiento. Observaba cómo respiraba. Sigilosa, temerosa, custodiaba, presintiendo que se iba a detener. No quería. El nudo me oprimía la garganta. No quería llorar. Su mano aflojó la mía. La respiración continuaba. Me alejé unos pasos, giré y me quedé observando. Inhalo, exhalo, inhalo y exhalo… Silencio. Ya no más. La respiración se detuvo. Morí un instante con él. Corrí a su lado, lo besé y le susurré al oído: "Ya nos reuniremos en alguna parte. Voy a estar con vos. Te amo".

La vida y la muerte en un instante en que el aire deja de entrar.

La clave de la vida es respirar. Obviamente causa gracia pensar que alguien podría omitir hacerlo, ya que sin ello estaríamos muertos. Pero ¿acaso a veces no estamos un poco muertos en vida?, pues no utilizamos esta noble acción para vivir bien, para liberar el cuerpo y la mente del agobio diario. Para sacar la risa, tener energía, vitalidad, claridad y, sobre todo, para combatir la opresión que genera el día a día.

Capacidades eróticas
Por Walter Ghedin

El sexo está en la boca de todos. Y no es un mensaje picaresco o con "doble sentido", es una realidad; se habla de sexo constantemente, se fantasea, se insinúa, se mediatiza, se hace viral, se vuelve placer y conflicto. El sexo está por todos lados. Sin embargo, pocas veces nos ponemos a pensar que esta disposición innata es una de las funciones vitales. Y aunque no la necesitemos como la respiración o la alimentación, se vuelve necesaria para el desarrollo personal y las posibilidades de expansión amorosa. Los temas sexuales abundan, llenan de palabras y de anécdotas las mesas de café, se habla en intimidad y en los lugares públicos; se dicen verdades y también mentiras. En la consulta aparece en asuntos personales y de pareja, a veces se expresan con libertad, en otros casos son aspectos muy privados que requieren de una gran confianza para revelarlos. Antes que médico, soy una persona curiosa por los comportamientos humanos, y he tenido –y sigo haciéndolo–, que revisar los propios para estar sentado frente a otro y empatizar con sus conflictos. Y considero que quien desee trabajar en el campo de la sexología debe revisar al detalle su propia sexualidad, las ideas preconcebidas que, aun sin saberlo, aparecen como escotomas o manchas oscuras que impiden ver con claridad. Muchas veces, la sesión de terapia, es el único espacio que permite al consultante pensar en la función sexual, ponerla en palabras, liberarla de la represión o la vergüenza, "tomar conciencia" de cuánto se hace por deseo y cuánto es en respuesta a pautas externas. Porque la sexualidad recibe la influencia de normativas que se trasmiten de generación en generación como verdades indiscutibles. Desde niños, el entorno imprime su riguroso discurso que moldea cuerpos y sentires, deseos y prohibiciones, con la seguridad que significa para los padres ver que las conductas futuras están en acuerdo con los lineamientos generales. Lo que nunca se cuestiona, o por lo menos se somete a alguna mínima reflexión, se convierte en una creencia estricta. Y he aquí un denominador común que tienen las capacidades fisiológicas como la respiración, la alimentación, el movimiento, el sueño, y por supuesto, el sexo: son todas involuntarias, pero pueden ser trabajadas (enriquecidas) por la voluntad. Al tomar conciencia de ellas, se pueden cuidar, ejercitar, mejorar, y, por ende, sentir el bienestar resultante.

La sexualidad es singular

El cuerpo y la mente crean un todo integrado y funcional, y no existe (según el pensamiento cartesiano), ninguna división entre las partes. Desde la niñez, los procesos madurativos gradualmente dan forma a las imágenes del cuerpo y sus posibilidades y a medida que el pequeño irrumpe en el entorno. Sin embargo, el trabajo de los procesos biológicos y psicológicos no es parejo, ni constituye una unidad. Cuando que crecemos nos alejamos de "lo natural", instintivo o predeterminado por la biología, para dar lugar al psiquismo, es decir, a los procesos superiores, específicos de la condición humana. Es en esta escisión de los caminos donde se funda la mayor riqueza. La naturaleza nos brinda la base fisiológica, el piso a partir del cual uno crece con la ayuda del medio; luego será la conciencia personal la que guíe nuestra vida. Y en este camino de aprendizaje, "darnos cuenta", volver hacia el mundo interior tratando de entender el porqué de las conductas, debería ser un ejercicio diario. Las acciones no son meros actos espontáneos, sin "ton ni son", requieren de la conciencia para sacar lo mejor de cada acto. Y la sexualidad, como parte fundamental de la personalidad, está incluida dentro de estos parámetros de la existencia. Muchas veces les digo a las personas adultas que consultan: "la espontaneidad es frecuente en la adolescencia, con los primeros contactos sexuales y el descubrimiento del propio cuerpo, después uno tiene que despojarse de creencias, inhibiciones y 'entrenar' habilidades". La sexualidad se nutre de las experiencias de vida.

Otro aspecto fundamental es la singularidad de la vida erótica. Así como somos seres únicos, también lo es nuestra manera de pensar, sentir y actuar la sexualidad. Podrán existir aspectos comunes, influidos por la sociedad y la cultura, no obstante, el mundo propio no tiene pares idénticos.

Los apuros de la adolescencia

Durante la adolescencia la biología apura al psiquismo a incorporar los cambios corporales y a adaptarlos al entorno. La percepción y las emociones se abren a un mundo nuevo que invita a conquistarlo. En esta etapa tan especial, la genitalidad adquiere fuerza y, de la mano del deseo sexual, parece que todo lo domina. La masturbación y las salidas para descubrir el sexo vincular se imponen en el imaginario. Nadie quiere quedarse atrás, nadie quiere pasar por lento o carente de habilidades para el "enganche". El inicio sexual refuerza la pertenencia al grupo. La intensidad de las experiencias vividas es un factor común en estos bellos años. Las ganas incitan al cuerpo a descubrirlo y a ponerlo a disposición del deseo. Las emociones dominan a los sentimientos más calmos; la pasión moviliza los cuerpos y las ganas de aventurarse en el mundo. Los primeros amores se recordarán de por vida. Las capacidades eróticas aparecen en toda su magnitud, sin embargo, existen jóvenes que no se sienten atraídos por el sexo, y están haciendo oír sus voces. La visibilidad de los jóvenes asexuales nos ayuda a cuestionar la regla de que todo adolescente debe sentir "mariposas en la panza" y salir a la conquista. He aquí un ejemplo que ayuda a pensar en el imperio de las exigencias sociales sobre las mentes y sentires de los jóvenes. Los asexuales se preguntan: ¿por qué tengo que sentir cómo los demás? Esta defensa de su poca atracción sexual no es un acto de rebeldía a tanto despliegue público de lo erótico, es una defensa a su sentir.

A punto de no ser más virgen

La valoración de la virginidad ya no cuenta con las recomendaciones o prohibiciones de antaño, por lo menos por estos lares de Occidente. Son lxs jóvenes lxs que deciden tener relaciones sexuales según sus deseos. Y digo tener relaciones sexuales y no "perder la virginidad" porque ese debería ser el concepto: vivir la sexualidad con otro, y no cumplir con un precepto rígido y patriarcal que aún es un "rito de iniciación". En las mujeres, la construcción del mito de la virginidad tenía sustento en la presencia del himen como barrera física y simbólica: separar la inmadurez de la madurez, la dependencia paterna a la dependencia marital. Esta creencia estuvo sostenida por el machismo dominante:

"guardar el tesoro tan preciado para el hombre elegido" (por la joven o por sus padres). En cambio, este rito de iniciación, es bien diferente en los varones quienes deben demostrar que ya tuvieron relaciones para poder dar cuenta de que la virilidad está presente. Sin embargo los jóvenes, tanto mujeres como varones, se hallan expuestos a la visibilidad sexual (medios de comunicación, redes sociales, aplicaciones, etc.) que apura el debut erótico e influye en el comportamiento. Las encuestas revelan que el debut sexual se ha adelantado respecto a otras épocas (13 años para las mujeres, 15 años para varones), lo que lleva a pensar que la estimulación externa estimula antes de tiempo los procesos internos, tanto hormonales como psicológicos. Los modelos de feminidad adolescente están más presentes en los medios que los de la masculinidad, que apuntan a edades algo mayores. No obstante, unos y otros se ven influidos. Los estándares de belleza, imagen corporal, modos de conducta personal y social, siguen moldeando las subjetividades de las jóvenes. Si en la niñez se enseña a ser una niña obediente, vestir de rosa, jugar con bebotes, cocinitas, lavadoras o a ser una princesa del castillo, en la pubertad se suma la presión sobre el cuerpo y por la autonomía, para lo cual aún no están preparadas. En los varones, las reglas de la virilidad son rigurosas: deportes, acción, jactancia entre los pares, competitividad. Los varones que se enfrentan a la conquista y a la primera relación sexual todavía deben lidiar con estas pautas para luego preguntarse qué quieren realmente. Algunos podrán hacerlo, otros seguirán con la premisa de "complacer, rendir como machos que son", y así la virilidad dependerá del resultado exitoso de las conductas sexuales.

Falta comunicación en temas sexuales

No puedo dejar de señalar que la información sobre "temas sexuales" circula entre lxs jóvenes gracias a que hablan entre ellos y no por la poca comunicación que reciben de padres o escuelas. En la intimidad del hogar o de las aulas, la comunicación que debería abarcar la sexualidad toda: cuerpos, deseos, emociones, vivencia de género, orientaciones, cuidados, etc., está centrada en el sexo heteronormativo y en los recaudos básicos para el cuidado de enfermedades de trasmisión sexual y del embarazo. Poco se habla de sexualidad responsable y se cree que, dicha responsabilidad es suficiente con ponerse el profiláctico o decir no a insinuaciones de extraños. Desde ya que ambas recomendaciones son más que importantes, sin embargo deberían ser el resultado de la confianza, la estima personal y la desmitificación de creencias que anulan la libertad personal. "Ser responsable" es convencerse de que la sexualidad es propia, que no se debe "hacer lo que los demás hacen" para no sentirse raros o excluidos; es no sentir inhibición o vergüenza cuando la orientación o el género no responde a las pautas de la heterosexualidad; es decidir cuándo, cómo y con quién hacer el amor y que esta primera experiencia sea consensuada según el deseo y no por la presión social. Si los padres o educadores nunca se han preguntado por su propia sexualidad y reproducen a pie juntillas lo aprendido como si fuera una norma estatutaria, es posible que lo que trasmitan (en forma y contenido) sea del mismo tenor. En síntesis, si nunca existió ningún cuestionamiento o reflexión sobre la propia sexualidad, el mensaje a los jóvenes será parcial y basado en reglas generales.

Por temor, pudor, creencias erróneas, dogmas religiosos, pautas culturales o por una postura autoritaria y desigual ("soy el que sabe", "mi moral es la única verdad" y tantas consabidas y desafortunadas frases que todavía escuchamos) la educación sexual será parcial, carente de empatía. Asistimos a cambios en las configuraciones de género que abarcan a las generaciones actuales con nuevas pautas, sobre todo en la conquista y el comportamiento amoroso; sin embargo, aún falta mucho por hacer. Muchos de estos jóvenes que se benefician con la libertad de estos años mozos cuando llegan a la adultez se sienten presionados por cumplir con las clásicas normativas, sobre todo las mujeres a quienes el "reloj biológico" apura la decisión de ser madres. Hay que considerar que lxs determinaciones de género construyen diferentes subjetividades según el medio socio cultural y educativo. La información sobre el cuidado del cuerpo, la defensa del mundo propio, la flexibilización en las orientaciones sexuales o el valor del deseo personal sobre las determinaciones externas no llega a todos por igual o la información es deficiente. Las relaciones basadas en la dominación, la violencia de género, la impunidad machista, así como el aumento de embarazo adolescente y las enfermedades de trasmisión sexual dan cuenta de esa falta de información en temas tan relevantes.

La primera vez

Es probable que antes de estar sexualmente con la otra persona hayamos pasado por experiencias autoeróticas que nos habrán ayudado a conocer el cuerpo, los puntos erógenos y la infinidad de sensaciones placenteras. Lxs jóvenes quieren probar sus capacidades amatorias, saberse seductorxs, descubrirse, y por qué no, compartir las experiencias con sus grupos de pares. Sin embargo, existen diferencias en la forma de encarar los comienzos de la vida sexual. Los varones se volvieron más temerosos, se subestiman, creen que deben complacer a sus parejas, ignorando que toda relación se construye de a dos. Por otro lado las jovencitas encubren sus miedos bajo una apariencia de seguridad, seducción, confianza en sus cuerpos vigorosos, reproduciendo los modelos que los medios de comunicación imprimen en la subjetividad femenina, aun desde muy pequeñas.

Aprender a comunicar

Sabemos que la primera vez se acompaña de infinidad de dudas: ¿podré?, ¿qué voy a hacer en la cama?, ¿me sentiré bien?, ¿tendré los cuidados necesarios?, ¿qué pensará él/ella de mí?, ¿cómo me sentiré después?, ¿será la primera y la última?, ¿me llamará después?, ¿qué hago si me duele?, ¿qué hago si no se me para, o si se baja?, ¿qué hago si eyaculo antes?, ¿seguiremos haciéndolo si el himen sangra?, etc. Muchas preguntas para tan importante momento.

Aprender a comunicar lo que nos pasa, las expectativas, las dudas, las ganas, los sentimientos, etc. , es una manera de disipar temores, conocer al otro, y disponernos con menos tapujos a la relación.

Muchas veces la primera vez ocurre en el cuarto, con los padres atentos, girando alrededor. La urgencia predispone a que los chicos no usen condones, penetren sin juego previo, eyaculen rápido; las chicas no llegan a lubricarse, haciendo que el coito sea doloroso, sienten que todo ha sido fugaz, sin placer; pero por sobre todas las cosas, ambos han perdido la oportunidad de disfrutar plenamente de una experiencia única. La urgencia no ayuda a disfrutar, por el contrario, el sexo se convierte en una descarga de ansiedad, de deseo acumulado.

El juego previo es fundamental, y lxs jóvenes deben reconocer sus beneficios, sobre todo para vencer la idea de que "la meta a conseguir es la penetración". El juego sexual ayuda a centrarse en el propio placer y a recibir los mensajes placenteros del otro, además, gracias a este contacto prolongado vamos conociendo los diferentes puntos erógenos.

Otro tema fundamental a la hora del primer encuentro es saber que no existen reglas, no hay fórmulas preestablecidas de "lo que tiene hacer un hombre o una mujer en la cama", esas mismas reglas son las que traban la libre expresión de los cuerpos. Cada uno debe dejarse llevar, crear juntos el propio estilo de relación.

El sexo involucra la responsabilidad con uno mismo y con el otro. El uso de condones durante toda la relación y el cuidado personal en todo sentido deben ser reglas indiscutibles.

Ser jóvenes no obliga a tener deseo sexual o a sentirse atraídos sexualmente por otro. Muchxs no sienten ganas ni tampoco el "enganche" pasa por lo sexual. No significa nada patológico ni que así será su vida sexual de por vida. Existe la creencia generalizada de que, por ser jóvenes y tener las hormonas en ebullición, el deseo sexual debe aparecer obligado, y no es así. El deseo sexual responde a múltiples factores y no solo a los niveles de hormonas sexuales. Desarrollar los caracteres sexuales externos no es condición para que el deseo acompañe siempre a estos cambios físicos.

El miedo suele acompañar al primer encuentro sexual, no es cuestión de evitarlo, es esperable que así ocurra; quizá lo más indicado sea decir "estoy nervioso", e incluir los miedos como una emoción más de las que suceden en ese momento. La apariencia de "seguridad", de "todo lo puedo", se derrumba fácilmente, hay que aceptar que somos inexpertos y que hay mucho por aprender.

El miedo a la conquista y a fallar lleva a muchos varones a beber alcohol u otras sustancias (drogas, viagra) para vencer los temores. Además del riesgo por los efectos colaterales, dichos consumos no resuelven el problema de base. Hay que afrontar la situación con las dudas que aparezcan, con los temores, solo de esa manera la experiencia será real y enriquecedora.

Vencer los miedos es reconocer que el encuentro sexual no es "dar un examen", ni que el éxito es sinónimo de "rendimiento positivo". Lo hice "bien o mal", me sentí "un ganador o un perdedor" son pensamientos opuestos que exaltan o devalúan la conducta. Alejarse de ellos es lo más saludable. En todo caso, es mejor pensar "hice lo que pude".

Es posible el sexo sin amor: Sí. Lxs jóvenes muchas veces se cuestionan este punto. Y aquí existen variables según los gustos: están aquellxs que no se cuestionan tener relaciones sin amor, y lxs que desean que se acompañe de este sentimiento. Y puedo agregar una tercera variable: lxs que aun sabiendo que será una relación pasajera necesitan que tenga un plus de afecto y que no sea solo sexual.

Comunicar, respetar, poner límites cuando algo desagrada, dejar de lado los estereotipos sociales y los imperativos de género y orientación son algunas cuestiones a internalizar. Si el encuentro sexual es desnudez, también tenemos que aprender a despojarnos de tantos mitos y condiciones imperantes. Y ser personas; cada una con sus deseos, sus ganas, sus miedos, que se entrelazan para disfrutar.

Decisiones como padres

En términos matemáticos la ecuación crecimiento de los hijos y tomar decisiones como padres es directamente proporcional. El pasaje de la infancia a la juventud, sin olvidar los primeros años de vida, son etapas que obligan a los padres a tomar decisiones. No es ninguna ciencia: los chicos crecen y maduran rápido. Y somos los padres los que debemos ejercitar cierta cuota de habilidades y sabiduría; ya sea por haber sido hijos, por "normas" generales de educación, o por "lo que nos salga" en ese momento. Los chicos esperan de nosotros no solo seguridad, compañía, afecto, también necesitan pautas que hayan sido pensadas, acordadas dentro del marco de la pareja. En los primeros años, las decisiones que se tomen van acompañadas de sugerencias e indicaciones de otras personas a las cuales se las escucha con atención, ejemplo: el pediatra o referentes de confianza que aporten experiencia (hermanas, abuelos, suegros, maestras jardineras, profesionales de la salud en general, etc.). Los papás, sobre todo aquellos primerizos, necesitan rodearse de terceros que ayuden con sus testimonios a entender qué es esto de criar a un hijo. Más tarde serán los maestros los que acompañen el desarrollo madurativo e intelectual del infante o del joven. Sin embargo, son los padres quienes tienen la última palabra. El ambiente condiciona a la gente, por tanto muchas de las preocupaciones de los adultos tendrán que ver con ayudar a los hijos a adaptarse al medio en el que viven. Desde el tipo de vida social, educativa, deportiva, religiosa, hasta el sistema de salud, intervienen en conjunto creando un marco global donde los pequeñxs o adolescentes tendrán que vivir e interaccionar. Ahora bien, más allá de que es imposible alejarse del influjo del entorno (medios de comunicación, modas, costumbres, tecnología, sexo, drogas y rock and roll), son los padres como adultos (y personas criterio) los que deben establecer cuáles son las pautas, los límites y las flexibilidades para una vida más plena e integrada con el afuera. Vivimos momentos de cambio. El puente entre la vida privada y la pública es corto y fácil de atravesar. Las redes sociales diluyen el límite entre lo íntimo y lo compartido. Por otro lado, y valga la paradoja, este vínculo "tecnofílico" vuelve a los jóvenes más retraídos, con escaso roce e incapacidad para desarrollar habilidades sociales. Los padres de hoy se hallan frente a esta dificultad, pero ¿cuántos se dan cuenta de las consecuencias si ellos tampoco pueden vencer el influjo de la pantalla?

Las máquinas virtuales son una realidad, como así también son las drogas (fundamentalmente el alcohol), la violencia, la deserción escolar, el embarazo adolescente, por citar alguno de los problemas actuales. Cada uno de estos temas acuciantes, asienta sobre un problema mayor, de índole afectiva y educativa. Son la "punta de un iceberg" en que hay que aprender ahondar para no quedarnos solo con lo que emerge.

Educar con perspectiva de género

La educación con perspectiva de género se mete en los hogares y en la escuela como un recurso muy valioso y abre el campo de la sexualidad a otros aspectos de la identidad y de las relaciones humanas. Porque esta apertura a los comportamientos y roles sexuales compete no solo al área sexual, sino a toda la vida de relación, es decir a la vida en sociedad. El género es una de las partes de la identidad. Sabemos quiénes somos, dónde nacimos, cómo nos llamamos, quiénes componen nuestra familia; también, desde los primeros años, comenzamos a tener conciencia de los deseos, motivaciones, gustos, pensamientos, hasta poseer una filosofía de vida que sustente las acciones realizadas. Y así como concientizamos todas estas partes también lo hacemos con nuestro cuerpo (esquema corporal), con las posibilidades expresivas, los gustos musicales, las modas; los deseos y orientaciones, incluidas las sexuales. Tantas maneras personales a las que se incorporan creencias, mitos, y estereotipos que se naturalizan como conceptos propios. El género es la identidad sexual autopercibida, con todas las particularidades sociales y culturales que lo componen. Si el género está ligado a la sexualidad es porque los roles sexuales se han establecido durante siglos como estereotipos estancos que especifican las reglas de la masculinidad y la feminidad. El género también ajusta las acciones humanas según la raza, la religión, las etnias y el medio socioeconómico. Educar con perspectiva de género es reflexionar sobre lo que pensamos y hacemos como sujetos sexuales y sociales. No obstante la coherencia no siempre es ley: existen padres que trasmiten a sus hijos pautas de cuidado del cuerpo y a detectar conductas de abuso cuando en el seno del hogar se reproducen modelos de dominación/sumisión o se hacen comentarios despectivos sobre personas con otras orientaciones o géneros sexuales. Existen infinidad de estos comportamientos disociados, falsos, hipócritas, bajo una apariencia de corrección. En las canchas, en la televisión, en las redes sociales, en los grupos de amigos, se sigue reproduciendo el mismo discurso machista de antaño; los hombres para no ser menos con sus pares; las mujeres se debaten entre la feminidad clásica y la autonomía liberadora. Educar con libertad es un tema de todos como sujetos sociales. Quizá de esta manera, en un futuro cercano, podamos hablar de relaciones interpersonales, de persona a persona, y no de sujetos condicionados por el género.

Sexo y sexualidad adulta

Los adultos se centran en el sexo como si este fuera un objeto que necesita moldearse a ciertas pautas conocidas. Se habla más de sexo que de sexualidad. El discurso adulto se disocia: sexo es cuerpo y necesita de la mente (léase: racionalidad) para ser controlado. Pareciera que el sexo prescindiera de toda singularidad, como si una ley general abracara toda la experiencia y existirán un estatuto que regula lo que se puede y lo que no. Si somos individuos, somos únicos, no existe otro sujeto igual. ¿Por qué entonces, algo tan íntimo y personal como la sexualidad, debe ser evaluada dentro de las generales de la ley?

El sexo está incluido dentro de una experiencia más amplia que lo contiene: la sexualidad. Sexualidad es el todo: deseos, placer, identidad, libertad, pensamientos, estima, autoimagen, seducción, amor, respeto al otro, proyecto de vida amorosa, etc. Claro que la sexualidad no aparece en forma mágica, requiere desarrollo, maduración, pensarnos en relación a las experiencias que vivimos. Los padres, con las mejores intenciones no exenta de temores, ponen el acento en recomendaciones, cuidados y algunas explicaciones sobre la genitalidad. Pareciera que el sexo biológico, y las representaciones ligadas a él, ganara figura y la persona quedara atrás, constituyendo el fondo, cuando en realidad la relación tendría que ser inversa. Por delante estaría él, o la joven, cada uno con sus inquietudes, ansiedades, preguntas que necesitan ser escuchadas. Por tanto, la capacidad sexual como deseo, es parte fundamental de nuestra existencia. Con esta fuerza interna abrazamos el cuerpo propio (en su dimensión física y emocional) y el ajeno, en pos de encontrar la felicidad, solos o acompañados.

Algunos consejos para mejorar las capacidades eróticas

- Cuando cortejes a alguien, piensa en otras situaciones en las que te sientas seguro o espontáneo.

- Concéntrate en los aspectos sugestivos del otro y piensa qué harías con ellos: "me gustan esos labios y te los chuparía todos". El acto de ver convoca qué hacer con lo que ves, creándose así una conexión que dirige la mirada, estimula la libido e impide que los pensamientos negativos se entrometan.

- No existen guías de conquista ni para llevar adelante la relación sexual. Cada uno encontrará la propia, que puede modificarse en cada encuentro.

- Las experiencias del pasado deben ayudarnos a comprender las actuales. No transformes la situación que estás viviendo en un repaso de historias fallidas.

- No copies modelos ajenos. Casi siempre se recurre a estereotipos que muestran los medios de comunicación o las redes sociales. Tus capacidades son únicas y valiosas: confía en ellas.

- Enumera para ti cada uno de tus encantos. Solo descríbelos sin emitir juicios de valor ni críticas. En el momento del acercamiento puedes recurrir a ellos para reforzar tu estima y mantener la atención en tus valiosas condiciones.

- Usa el gran poder de la fantasía para incrementar tus capacidades amatorias.

- Trata de serenarte antes de los encuentros sexuales. Disfruta de los juegos eróticos. Concentrarte en la actividad sexual reduce los niveles de ansiedad y la urgencia por llegar rápido al orgasmo. Recuerda que la genitalidad es una etapa más del encuentro y no el objetivo final.

Capacidad fisiológica del sueño
Por Walter Ghedin

Sueño para despertar mejor

Todos sabemos lo importante y gratificante que es dormir. Pasamos más de una tercera parte de nuestra vida dormidos, por lo cual podemos deducir que la naturaleza nos provee de una función fisiológicamente necesaria. Los procesos que ocurren mientras descansamos son variados y complejos: metabólicos, endocrinos, cardiovasculares, químicos, etc. Existe el mito de las 8 horas de sueño mínimos como medida de normalidad, cosa que no es realmente cierta ya que existen variaciones individuales y de edad. Los niños duermen hasta 20 horas por día, los adolescentes y adultos jóvenes hasta 10 horas, y los de 60 años en adelante reducen sus horas de sueño a 5 o 6 por día.

Desde la década del 50 se conoce que en un ciclo normal de sueño se producen períodos durante los cuales los ojos se mueven con rapidez de uno lado a otro y momentos sin movimientos oculares. Los llamaron fase de movimientos oculares rápidos y no rápidos (REM y No REM) y mientras dormimos ocurren una serie de funciones en cada uno de estos ciclos.

¿Para qué sirve dormir?

Durante el sueño con movimientos de los ojos (fase llamada REM) se cumple la fijación de la memoria, proceso que comienza cuando aún estamos despiertos. Se piensa que en la fase REM se desechan aquellos recuerdos irrelevantes y se solidifican los importantes. Esta función del sueño "aclara la mente" para comenzar el día con más "frescura mental". Seguramente hemos comprobado cómo actúa este proceso de limpieza cuando nos acostamos con un problema y nos despertamos a la madrugada con ideas para solucionarlo. Se sabe que mientras dormimos las neuronas y otras células cerebrales (llamadas células de la glía) cumplen la función de limpieza, algo así como si pasara el camión de residuos y se llevara la basura que se juntó durante el día. Si esta función no se puede cumplir adecuadamente aparecen síntomas: cansancio mental y físico, inquietud, desgano, vivencia de alerta, de que "algo feo va a ocurrir", etc.

Los problemas del sueño

El insomnio es uno de los problemas del sueño más frecuente. Aparece cuando estamos ansiosos, preocupados, por consumo de estimulantes (ejemplo, cafeína), o en cuadros más complejos como las depresiones o por abuso de sustancias. Quien ha padecido insomnio sabe lo mal que se vive. Y aunque haya sido solo una sola noche, el temor a que se repita causa ansiedad, aumentando las probabilidades de que reaparezca. Las personas que tienen insomnio no solo se sienten cansadas por la imposibilidad de dormir, también se alteran las funciones cognoscitivas: menos atención, memoria, concentración; un verdadero desgaste mental. El dormir poco nos lleva a estar más alertas, sobre todo cuando estamos frente a situaciones de tensión que requieren que estemos despiertos para enfrentar una situación de riesgo. El sueño tiene la propiedad de adaptarse tanto a las circunstancias de tensión psíquica como a los cambios de horarios, ejemplo: las personas que trabajan horarios rotatorios o en el jet lag (por viajes a países con otros husos horarios). El sueño se acomoda a los nuevos ritmos de luz y oscuridad con una plasticidad sorprendente. Este es uno de los ejemplos de la flexibilidad cerebral. ¡Qué enseñanza nos da la fisiología con este dinamismo para el cambio! Deberíamos aprender de esta movilidad adaptativa. Respecto a los sueños, estos no reproducen sólo lo percibido durante el día, sino que existe una verdadera selección y descarte de material diurno. Freud fue el primero en revelar que la materia que nutre los sueños son experiencias reprimidas en el inconsciente y que adquieren la forma de imágenes e historias que las hilvanan. Será el paciente, en un espacio de tratamiento psicoanalítico, el encargado de encontrarles sentido.

Estado de ansiedad y depresiones

En ambos trastornos el insomnio es la alteración más frecuente. Se denomina insomnio psicógeno cuando es causado por factores emocionales (problemas familiares, de pareja, enfermedades, cambios o pérdida de trabajo, etc.). Seguramente la mayoría de nosotros ha pasado por una noche o más de insomnio. Cuando el síntoma persiste es necesario actuar para ayudar a conciliar el sueño: respiración, relajación, apagar aparatos: televisores y celulares; leer, etc). En otros casos se requiere de la atención médica para detectar y tratar el problema de base. Seguramente el profesional solicitará estudios específicos como la polisomnografía o estudio del sueño (también mide los niveles de oxígeno en sangre, los ritmos cerebrales y los movimientos que aparecen durante el sueño).

Las depresiones pueden tener tanto insomnio como somnolencia. Existen por lo menos dos tipos de depresiones: las endógenas y las psicógenas. Las primeras tienen más antecedentes familiares (más determinantes genéticos). Estas son las depresiones típicas: vemos al paciente en la cama, sin poder levantarse ni cumplir con la alimentación y el aseo personal; en estos casos existe somnolencia. La otra depresión es la psicógena, atípicas o ansiosas. Estas depresiones son las más frecuentes y son motivadas por factores estresantes más la vulnerabilidad personal. Las personas con depresiones ansiosas tienen angustia, tristeza y falta de disfrute, y suelen hacer las cosas con mucho esfuerzo. El insomnio, la inquietud, los síntomas de ansiedad y la falta de gratificación con la vida en general los lleva a la consulta. La falta de sueño y los despertares a la madrugada son frecuentes.

Ejercicio para dormir mejor
Por Silvia Pérez

En uno de mis viajes a India, un día asistí a una clase de yoga. Fue en medio de un bosque al aire libre, con poca gente de distintas partes del mundo y en un silencio absoluto el aire caliente, moviendo las ramas de los arbustos, se hacía sentir. Acostadas en una colchoneta y escuchando las instrucciones del yogui me dejé llevar. Una clase que me transportó y separó de mi cuerpo físico, haciéndome sentir una liviandad y bienestar increíbles. Al terminar, el viento cálido nos envolvió con más intensidad y mientras se volaban las colchonetas, trajo hasta mis pies unas hojas de papel A4 escritas en inglés. Las recogí y al incorporarme miré alrededor para ver de quién eran, pero ya casi nadie estaba allí. Tomé mis cosas y me las llevé.

Ya tranquila en el ashram (comunidad), me dispuse a leerlas y descubrí que había recibido las instrucciones de un maestro para la práctica del "yoga nidra". Podría decirse, como lo han llamado acá en Occidente, "la poderosa técnica del sueño consciente". La práctica y el concepto de yoga nidra se describe como el estado más profundo de relajación posible, manteniendo al mismo tiempo plena conciencia. Un sueño lúcido, suelen decir. Es un estado de conciencia entre "despierto" y "durmiendo". Un estado en el cual el cuerpo está totalmente relajado y en el que el practicante va aumentando sistemáticamente la conciencia de su mundo interior. Si bien esta práctica promueve que el que la realiza esté despierto, he aquí el gran secreto que me regalaron esas hojas que volaron hacia mí: las instrucciones de los tres ejercicios advertían que debía permanecer despierto "siempre y cuando no lo practicaran para el insomnio". Esa fue la revelación de este ejercicio que voy a compartir con ustedes, que ha logrado que duerman todas las personas con las que lo realicé, incluyéndome. Es una variación de lo que recibí, que yo misma creé para inducir al sueño.

Práctica:

I

- Nos acostamos sobre la espalda en un colchón, en la cama, o donde estemos cómodos, totalmente estirados. Los pies un poco separados entre sí, las manos a los costados con las palmas hacia arriba.

- Cerramos los ojos y los mantenemos así durante toda la práctica.

- Nos concentramos en todo el cuerpo y comenzamos a relajar cada parte, a soltar donde sentimos tensión. Suavemente. Tomamos conciencia de la importáncia de la quietud. Completa quietud.

- Desarrollamos la conciencia plena del cuerpo, desde la punta de la cabeza hasta los talones del pie. Quietud completa. Conciencia completa del cuerpo.

- Continuamos tomando conciencia plena del cuerpo.

II

- Observamos la respiración natural, tomando conciencia de ella.

- Quietud. El aire entra y sale. Entra y sale.

- Comenzamos a visualizar la parte derecha de nuestro cuerpo desde el pie. Vemos el pie derecho.

- El aire entra a través del **dedo gordo** del pie y sale por el mismo. Suavemente, una y otra vez.

- Entra el aire por el **segundo dedo** del pie derecho y sale. Una y otra vez.

- Entra el aire por el **tercer dedo** del pie y sale, una y otra vez.

- Entra el aire por el **cuarto dedo** del pie y sale, una y otra vez.

- Entra el aire por el **dedo chiquito** del pie y sale, una y otra vez.

¡ATENCIÓN!

Esto es fundamental. Si nos perdemos o distraemos, es necesario volver a empezar desde el dedo gordo, pasando por cada uno de los demás.

- Ahora entra el aire por los **cinco dedos a la vez**, extendiéndose por la pierna hasta la rodilla y sale.

- Luego sigue entrando el aire y se va extendiendo a lo largo de toda la pierna y sale. Si aún no te dormiste, observa la diferencia entre el lado derecho y el izquierdo de tu cuerpo. Continuamos haciendo lo mismo del

lado izquierdo, empezando por el dedo gordo del pie izquierdo. Luego el segundo, terceros, cuarto, el chiquito y luego... Entra el aire por todos y se expande hacia toda la pierna izquierda.

- Luego sentimos que entra y sale el aire al mismo tiempo por ambos pies y piernas.

III

- Comenzamos por el **dedo pulgar** de la mano derecha. Entra el aire y sale suave, una y otra vez.

- Entra el aire por el **dedo índice** y sale suave, una y otra vez.

- Entra el aire por el **dedo medio** y sale, una y otra vez.

- Entra el aire por el **dedo anular** y sale, una y otra vez.

- Entra el aire por el **dedo meñique** y sale una y otra vez. Si nos perdemos, volvemos a empezar.

- Ahora entra el aire por **los cinco dedos** a la vez, extendiendose por el brazo, primero hasta el codo y luego hasta el hombro.

- Finalmente, en cada respiración el aire se expande hasta el pecho y llega al corazón. Si aún no nos dormimos, continuamos haciendo lo mismo con los dedos de la mano izquierda, uno por uno, hasta extender la respiración al brazo y llegar al pecho y al corazón.

- Luego seguimos concientizando la entrada del aire y salida por ambas manos y brazos hasta el corazón.

- El aire entra por todos los extremos del cuerpo incluyendo desde la punta de la cabeza y llega hasta el corazón. Una y otra vez. Hasta que perdamos la conciencia del cuerpo físico que se irá sumergiendo en un sueño profundo y placentero. Y al día siguiente quizá no recordemos cómo fue que nos quedamos dormidos. Por lo general nadie termina el ejercicio. Se quedan dormidos antes.

Espero que les sea útil.

Alimentación y actividades físicas
Por Silvia Pérez

Aminora el paso y disfruta de la vida. Si vas demasiado rápido, no solo te pierdes el paisaje, sino que además pierdes el sentido de a dónde vas y para qué.

Pollo, pescado, asado. Veggie, vegano, vegetariano. Y tantas otras opciones que van apareciendo. La dieta de la luna, de la sandía, del helado, de las proteínas, de las calorías... Paremos un momento y tomemos conciencia: la alimentación es el combustible necesario para que el cuerpo y la mente funcionen correctamente. También puede ser un hábito placentero para mucha o casi toda la humanidad, pero no habría que olvidarse que ante todo es una necesidad para estar vivos. Todos queremos gozar de buena salud, y por lo general se piensa en la alimentación en relación al cuerpo para que este luzca bien. Es cierto que en la actualidad existe una tendencia a querer comer sano en pos de sentirse mejor, pero no sé cuántos somos los que conscientemente sabemos que la comida también nutre la mente, así como todo lo que llega a ella a través de las películas y series que vemos, o las compañías con las que elegimos estar. Todo es alimento. Cuando se dice que dejamos entrar a asesinos y violencia a nuestros hogares, ya sea por medio de la televisión, o los juegos de la Play y otros dispositivos, es cierto. Fíjate qué es lo que vemos, lo que ven tus hijos, a qué juegan… Recientemente se publicó una nota en el diario *La Nación* que comentaba la tendencia del público hacia lo destructivo y la violencia, según los índices del éxito de las películas de esos géneros. ¿Será que en función de ganar las taquillas se ofrece lo que más se consume sin tener en cuenta lo que esto genera en las mentes de los adultos y los niños? Creo que sí. Claro que hay excepciones, como el querido señor Steven Spielberg, por nombrar uno, que nos sigue alimentando los sueños y emociones en pleno siglo XXI con *El buen amigo gigante*, por ejemplo. Pero en general todo es muerte, violencia, asesinatos, en algunos casos un futuro diabólico.

Lo cierto es que muchos de nosotros tenemos la posibilidad de elegir lo que comemos, lo que miramos y con quiénes nos juntamos, y sin embargo nos cuesta hacerlo. Cuesta discernir, mirar la brújula interna, estar en contacto con uno mismo y saber cuáles son las verdaderas necesidades. Esto me lleva a pensar también en los muchos que no tienen para comer, y recordarme que siempre podemos dar algo a los que necesitan. No algo que nos sobra, sino una porción de lo nuestro. Siempre se puede ofrecer algo.

Alimentación

Hasta mis 21 años comía carne con mucha frecuencia. Me encantaba. Durante el embarazo de mi hija, los bifes de chorizo con papas a caballo eran mi debilidad. Estaría de cuatro meses aproximadamente cuando me habían servido el almuerzo en la mesa ratona del living. Me recuerdo sentada en el piso cuando corté esa porción de bife que al llegar a mi boca me dio tantas náuseas que tuve que salir corriendo al baño. Y así de simple y de raro fue como ocurrió. Nunca más. Me dio rechazo, asco, sentí que estaba comiendo a un ser al que habían matado. El médico me explicó que se debía a mi estado y que, aunque luego se me pasaría, le preocupaba cómo suplir la falta de hierro que me ocasionaría. Así que me recetó hierro que yo tiraba en el inodoro porque no me gustaba tomar pastillas, y seguí adelante lo más bien. July nació divina, gracias a Dios, por parto natural y con 3,550 kilos. Yo había bajado de peso porque, sumado a lo de la carne, me daban asco los dulces, así que desde entonces, siendo tan chica, tuve la necesidad imperiosa de aprender a comer bien.

Quiero dejar en claro que no pienso que todo el mundo deba ser vegetariano, (aunque me encantaría), pues no soy de la clase de personas que quieren que los otros hagan lo que yo hago porque es lo mejor. No. Cada uno tiene sus necesidades, sus tiempos y su karma en esta vida. Como podrán apreciar en el momento que dejé de comer carne, no fue por ideología sino por un rechazo de mi organismo. Hoy seguramente lo haría por elección. Lo que sí puedo compartirles, gracias a esa instancia de mi vida, lo que es valioso aprender a comer sano. Para los vegetarianos es aún más dificultoso, porque la falta de proteínas es difícil de suplantar. Y la cocina argentina tiene sus cimientos en el asado, locro, empanadas… Las proteínas más conocidas se encuentran en la carne, pollo y pescado. Así que tuve que salir en busca de ayuda e investigar, porque hace 40 años atrás no era fácil ni ser vegetariana ni encontrar tofu o carne de soja en el mercado.

A esto debía sumarle el hecho de que siempre quería hacer dieta. Ya desde entonces las dietas estaban de moda. Recuerdo cuando íbamos a los bares con mis amigas pidiendo siempre esos platos de quesitos como si fuera algo saludable y de dieta. ¡O cenar provoleta con ensalada! Y lo mejor eran esos atracones que nos dábamos cada tanto con cucharadas de dulce de leche, o el batidito de dulce de leche con mendicrim. Todo mal.

Un día mi amiga Susi me dijo: "¿Y si probás comer de todo? Estoy segura que no vas a engordar". Obvio que no iba a correr ese riesgo. Mientras todo esto sucedía, mi salud estuvo garantizada gracias a mi querida hermana Graciela, bioquímica, nutricionista y master de Herbalife, quien después de darle una ardua batalla resistiéndome a tomar los productos nutricionales, logró vencerme.

Así es que quiero contarles, con estos breves episodios, algunas de las batallas que libré hasta que empecé a pensar en qué es comer sano. Sobre todo porque era señalada como una mujer muy sana dedicada a la actividad física y que comía muy bien y natural. Y como me llama la atención la imagen que genero en los otros, eso me lleva invariablemente a mirarme. ¿Sana? ¿Comida sana, la provoleta, la lechuga, el quesito de copetín...?

Conectarse con uno es la cuestión. Siempre. En cada caso se descubrirán las propias necesidades y habrá que ir direccionándolas. En cuanto a mí refiere, sé que me han enviado a esta vida con un buen envase, y es una gran responsabilidad cuidarlo. Todos tenemos esa responsabilidad, ya que el cuerpo y la mente son los instrumentos con los que contamos para transitar el camino que nos toque. Obvio que nunca tuve necesidad de hacer dieta, aunque lo descubrí ya de adulta. Pero es exactamente por esto que digo que ocurre, que no pude verlo: por no reparar en uno, en nuestra historia, en una mirada real que te devuelve el espejo, por creer que hay que ser lo que los de afuera piensan, por la mirada del otro.

El primer paso para empezar a ser saludable es conectarte con vos y con tus necesidades. Quizá creas que no es fácil, o te preguntes: ¿Y cómo hago? En este humilde libro te damos sugerencias para que te acerques a vos y seas valiente. Descubrir lo que nos pasa no siempre resulta agradable, pero es el primer paso de contacto personal. Ya será tu elección lo que decidas hacer y ser. ¿Feliz? Sí, la felicidad se puede aprender, igual que el contento y la alegría. De hecho hoy existen ministerios de la Felicidad, el de los Emiratos Árabes, por ejemplo, "creado" especialmente para promover la felicidad y una actitud positiva en el gobierno y en la vida. La Universidad de Harvard, una de las más prestigiosas del mundo, tiene el curso de mayor popularidad y éxito que enseña a los estudiantes cómo aprender a ser felices. Así que, amigos, hay esperanza, todo se puede aprender. Igual que cualquier aprendizaje, requiere de esfuerzo, disciplina y voluntad.

No hay una formula única para que la alimentación sea sana, pero hay algunas cosas básicas que encuadran en la receta. Siempre lo más recomendable es acudir a un médico que nos oriente. Hace varios años conocí a un médico nutricionista, Martin Viñoales, quien me dio la clave necesaria para una dieta equilibrada:

- Comer proteínas e hidratos mezclados como en las épocas de las cavernas.

- Seleccionar los alimentos con grasas buenas.

- Evitar las grasas malas.

- Tomar agua.

- Beber alcohol moderadamente.

- Comer moderadamente.

- Darte un gusto, siempre.

- Fundamental: hacer actividad física.

El sobrepeso casi siempre está relacionado con un desequilibrio entre el aporte de calorías que vienen de los alimentos y las que se consumen cotidianamente. Cuando hay excesos en la alimentación y un consumo insuficiente de energías, lo cual es común en aquellos no hacen actividad física, se crean condiciones más frecuentes para la obesidad. Sin olvidar que hay otras causas que también pueden determinarla como las glandulares.

Para esto es necesario recurrir a un especialista que nos diga cuál es nuestra dieta apropiada, cuáles son las grasas buenas y las malas, y hacernos los estudios correspondientes.

Hoy hay más gente vegetariana que en mis comienzos, y el mercado ofrece varias proteínas vegetales como los porotos de soja, el tofu, la carne de soja, lentejas, claras de huevos, brotes. Y para los carnívoros, mi única sugerencia es la moderación y que las carnes tengan la menor cantidad de grasa posible. ¡Y que disfruten de un buen asado cada tanto!

Movimiento y reposo

La actividad física es necesaria y fundamental para complementar la dieta alimentaria. Somos como los autos, por hacer una comparación vulgar: necesitamos combustible bueno, agua, motor en marcha con frecuencia y carrocería cuidada.

En la escuela primaria descubrí mi amor por el deporte y mis condiciones para hacerlo. Gane una copa en carrera de 100 metros, otra en salto en largo y me destacaba jugando al softball. Pero, sobre todo, amaba el día que íbamos al campo de deportes. Lo esperaba con mucho entusiasmo y alegría. En esa época nada de gimnasios, ni mucha promoción sobre actividades físicas. Alguna que otra clase de danzas a la que me mandaba mi mama y ya. Con el tiempo, la vida transcurrió sin ningún deseo consiente de practicar alguna disciplina física. Un día, cuando recién comenzaba a trabajar como modelo, un fotógrafo me preguntó qué hacía para mantenerme así de bien. ¿Qué? O sea, no entendía la pregunta. Me aclaró que se refería a hacer gimnasia o algún deporte, y me dejó pensando. "¿Será que tengo que hacer algo para verme bien?", me pregunté. Pero seguí de largo, más ocupada en las dietas innecesarias e inútiles que creía importantes.

Fue recién llegando a los 30 años que descubrí el primer gimnasio. ¡Wow! Sí que me deslumbró ese mundo de máquinas y clases de gimnasia. Y me hice adicta. Iba incansablemente. Si bien me gustaba y me gusta hacer gimnasia, correr, caminar y practicar algunos deportes, comenzó la carrera desenfrenada de no encontrar el camino del medio y el motivo real por el cual lo hacía. Y la necesidad de empezar a balancear el desgaste con la alimentación. Así recorrí un largo camino, probando todo tipo de disciplinas: barra, aeróbica, step, pesas, máquinas, pilates, streching, yoga, etc.

Y vuelta a casa. Vuelta a conectarme conmigo. Educarme, discernir entre lo que es necesario y la exigencia para verme mejor y mejor y mejor. Un día estaba corriendo –confieso que sin muchas ganas– y de repente me iluminé. Pensé: "Hay algo que no está bien. Cada vez tendré que entrenar más porque el cuerpo se va desgastando, como es lógico, y no tendré las mismas fuerzas". Paré un cambio y comenzó el eterno aprendizaje que conduce a hacer lo justo y necesario en la medida que se puede. Me llevó años, y aún hoy hay momentos en los que me paso de la línea.

Trabajé junto a varios entrenadores, cursé el instructorado de gimnasia, yoga y meditación, y así empecé a comprender la importancia de poner el cuerpo en movimiento, y cuándo detenerlo. No me refiero solo en relación a la gimnasia y deportes, sino a la actividad diaria, lo que implica moverse en lo cotidiano, viajar en transportes, estar sentado varias horas del día, o parado. En fin, muchas variables que imponen que tengamos conocimiento de nuestro cuerpo, del alimento, de la respiración, del descanso y del sueño.

Cuando ya se me reconocía públicamente por mi dedicación a la gimnasia, la alimentación y la vida sana, empecé a hacer un programa de televisión con una breve rutina para ejercitar, luego otro que se llamó "Saludarnos", donde hacía un micro: "Mis 5 minutos diarios". Un gran desafío donde mostraba que el justificativo de "no tengo tiempo" se puede disolver en cinco minutos de práctica. Para mejorar tu respiración, el contacto con uno mismo, algunos días fortalecer tus abdominales, tus brazos, otros días elongar, y muchas otras opciones. Y si esos cinco minutos despertaron interés en los televidentes, quizá pudieron acercarse a alguna practica y dedicar media o hasta una hora para ocuparse de sí mismos. Al menos es un comienzo.

Luego, cuando realicé los videos de gimnasia *Básico I* y *Básico II*, comprendí que el momento de compartir había llegado. Tuve que aprender y educarme hasta tener la certeza de lo que iba a transmitir. Es decir, en estas cuestiones cada uno tiene su librito, su guía, su entrenador. Y eso está muy bien. Lo que yo hago es compartir mi experiencia, con la responsabilidad de saber que es efectiva.

Pero no todo movimiento deviene en deporte o entrenamientos físicos. Además, hay que levantarse, ir a trabajar, a la escuela, hacer las compras, etc. Y la voluntad a veces no despierta con nosotros, ¿cierto? La verdad es que cuanto más saludable y equilibrado esté nuestro cuerpo y mente, más fácil será estar disponible. Mi experiencia me ha demostrado que es necesario practicar algo que te guste como primera medida, si no te costará más y quizás abandones. Buscá algo. Debe haber algo que te guste. Hoy en día nuestra ciudad también ofrece estaciones saludables en muchos parques donde podemos practicar y ser asesorados.

Mis tips son:

1. Caminar, nadar, tenis, entrenamiento funcional, pesas, cinta, danza, bicicleta, patinar… Una actividad de por lo menos media hora cada día.

2. Estiramiento. Yoga. Tai Chi. Estas son distintas formas de ponerte en movimiento, que tienen enormes beneficios.

3. Y, por último, hacer nada. O meditar. Yo recomiendo la meditación para todos: niños, adultos y ancianos. Si todos meditáramos habría mucha más comprensión y armonía global. Pero el que no sabe o no quiere meditar, puede hacer nada. Sentarte cinco minutos en silencio, detener el movimiento en el que estamos inmersos continuamente consciente o inconscientemente. Pensar en nada o visualizar la luz del Sol. Ya verás lo difícil que es parar la mente de mono saltarín que habita en nosotros. Estar presentes, tan simple como difícil. Ni pasado, ni futuro. Y en el presente no se piensa, se siente.

Con la combinación balanceada de estas opciones, te aseguro que ponerse en movimiento y detenerse cuando es preciso es un gran comienzo para empezar a sentir parte de ese bienestar que estamos buscando.

Moverse para el disfrute es una frase que me resuena cada tanto. El movimiento implica vivir, estar activo, transformarnos. Y si disfrutamos de lo que hacemos, bienvenido; y si no nos gusta lo que nos toca, encontremos una manera de capitalizarlo, porque por algo nos toca. Durante muchos años me dediqué a hacer gimnasia para cumplir con las demandas de un afuera que me juzgaba mucho por mi belleza externa. Demandas que quizá yo misma me inventé, hasta que llegó el día en que preferí quedarme conmigo y descubrí que amo la actividad física y disfruto enormemente de ella y me ayuda en muchas situaciones difíciles que debo resolver. Tanto ir a correr como meditar.

Así que encuentrá lo que mejor te calce y se vos mismo. Está comprobado, y puedo decir que yo misma lo experimento a diario, que hacer actividad física mejora el estado de ánimo, mucho más cuando nos atrapó la tristeza

Capacidades Cognoscitivas

La función de la percepción: captar el mundo y darle un sentido
Por Walter Ghedin

La percepción es una función cognoscitiva cuyo objetivo es relacionarnos con el mundo a través de los sentidos. Nos abre al entorno y nos permite conocerlo, darle un valor personal gracias a la colaboración simultánea de otras funciones como el pensamiento y los sentimientos. Si comparamos la percepción con una casa, esta debería tener múltiples ventanas con la practicidad de poder abrirse o de cerrarse ante los momentos que nos toque vivir. Si el sueño las cierra, la vigilia las abre sutilmente, preparándonos al nuevo día. Es frecuente sentir una leve angustia apenas nos despertamos, es transitoria y pasa apenas nos ponemos en movimiento. Esa sensación inicial es un estado de alerta ante lo incierto del comienzo del día, hasta que el entorno conocido se convierte en certeza. Este recurrente acto cotidiano nos recuerda que la incertidumbre, aunque momentánea, fugaz, nos da miedo. Nos acostumbramos tanto a lo conocido que cualquier cambio nos asusta. Cuando estamos abiertos a las experiencias y el afuera ingresa por nuestros sentidos con fluidez, convocando pensamientos y emociones acordes con lo que sentimos, existirá un estado de congruencia interno, algo así como una vivencia de unidad entre el adentro y el afuera. Y no me refiero solo a estados placenteros, también la a la lógica emocional que se produce ante situaciones de dolor. Sin duda que el placer requerirá de menos defensas y la apertura será mayor; por el contrario, la angustia mueve defensas tratando de preservarnos del dolor. Por tanto, en la dimensión de la salud, experimentamos sensaciones y sentimientos que condicen con la realidad. En el extremo patológico, se levantan defensas para impedir que lo que estamos viviendo desorganice la conciencia. Intervendrán entonces las defensas psicológicas que a la manera de murallas o de juegos ilusorios reprimirán recuerdos o crearán una realidad distorsionada; en ambos casos, la nueva realidad construida en base a estos mecanismos de protección será la que ocupe el lugar de certeza en la conciencia.

Rigidez perceptual

¡Qué hermosa tarea la del conocimiento, al dejar que el mundo ingrese en nosotros y adquiera un sentido! En los primeros años de vida no existen reglas que limiten el ingreso de estímulos; el "conocer" está abierto al medio que nos rodea y es la fuerza innata la que dirige las acciones.

Los pequeñxs miran, oyen, tocan, quieren saber qué ocurre alrededor aunque sus mentes no entiendan esa sucesión de personas y objetos. Somos los adultos los que debemos ayudar a que esas imágenes, que poco a poco se graban en la memoria, contemplen también el punto de vista de los niñxs. El conocimiento será entonces una acción compartida entre padres e hijos. Ni la mirada adulta, ni la del niñx por sí solas, serán suficientes y efectivas para la adaptación al mundo en que vivimos. Imaginemos a un niñx sin conocimiento de los riesgos, o de los límites que ayudan a la convivencia, o un adulto que sobreprotege y no deja que su pequeñx haga su propia experiencia sensorial. La mente se construye por la interacción de lo que viene con nosotros desde el nacimiento (lo innato) en unión con lo adquirido, es decir con lo que incorporamos y aprendemos del afuera. En este bello movimiento de "ida y vuelta" entre el mundo interno y el externo vamos construyendo la vida psíquica, la subjetividad, aquello que nos hace únicos. Y en el medio, el acto de percibir como una cortina que se abre, o se cierra ante los sucesos que podrían ser peligrosos para la integridad psíquica. La salud mental no implica solo equilibrio, representa la capacidad para encarar las situaciones adversas con más recursos. Y si son nuevas estrategias para afrontar lo conocido, mejor aún. La gratificación será el resultado de desplegar estas capacidades que seguramente existen en cada uno y animarse a usarlas. La aventura del riesgo solo depende de uno mismo. No podemos impedir que cesen los eventos externos porque sería imposible e incompatible con la vida, aun el más ermitaño, o el más resguardado, está sujeto a circunstancias ajenas a él. Solo nos queda recurrir a lo propio para dar respuestas adaptativas. Y cuando digo "adaptación" no me refiero a rigidez, sino a la dinámica interna que se necesita para encarar cada una de las situaciones que se nos presentan, con conductas más asertivas, que nos enriquezcan como personas y contribuyan al bien común. Si la percepción está cerrada por la ansiedad o la angustia no será posible encontrar alternativas para ver y sentir la vida con más riqueza, además de que colapsar todas las opciones de salida dará lugar al síntoma, una forma de liberar la tensión interna que se crea. El síntoma entonces es la incapacidad fisiológica y psíquica de encontrar caminos saludables, cerrando la percepción a toda "luz" y creando la ilusión única de un mundo hostil.

Algunos datos a tener en cuenta

- Percibir el mundo es darle un sentido; estará influido entonces por tu subjetividad.

- Ante un problema, aun el más difícil, aléjate un poco de él para ver todas sus aristas.

- Suma las experiencias de vida para entender lo que pasa, no para castigarte.

- Los autorreproches, las culpas, los sentimientos de inferioridad, las comparaciones con los demás, la victimización, etc., impiden que puedas ver claro y usar tus propios recursos.

- Hay que aprender a poner límites, a decir que no, a no dejarte dominar por una situación dañina.

- En los problemas de pareja es frecuente no poder "cortar" con el vínculo tóxico. No proyectes en el otro tus propias inseguridades o broncas. Confía en esa parte de tu mente que lee correctamente la situación y te preserva.

- No te quedes solx con el dolor, confía en las personas que te pueden ayudar.

- No te avergüences por no poder "solucionar" lo que te aqueja, pareciera que en esos momentos todos son "felices" y tú eres el único ser desgraciado en el mundo.

- Cuando estamos mal, la percepción nos hace creer que todo está mal, y no vemos nada que nos reconforte, ni siquiera una ilusión.

La función del pensamiento
Por Walter Ghedin

Muchos pacientes refieren sentir que "la cabeza estalla de pensamientos", que no pueden "para de pensar". Este malestar es muy frecuente y aparece en gran parte de la población, sobre todo en personas jóvenes y adultos de mediana edad. Salir al "mercado laboral" y afrontar las responsabilidades en una sucesión de acciones lineales, medidas con la vara de los logros y el miedo al fracaso, se convierten en causas se tensión psíquica. Vivimos en tiempos de lucha entre las presiones cotidianas y el tiempo para disfrutar. El pensamiento, cada vez más dicotómico, es decir "negro o blanco", pierde la gama de grises. Muchos de estos pensamientos son preocupaciones injustificadas, sin sentido, pero que operan en la "cabeza" como grandes problemas que hay que resolver. Y por más que queramos frenarlos, calmarlos con explicaciones racionales, es imposible hacerlo. Estos pensamientos/preocupaciones hacen una lectura amenazante de la realidad. Si el estrés nos prepara para afrontar situaciones de riesgo, el distress (versión patológica del estrés) nos hace ver "fantasmas" donde no existen. La realidad está velada por un cariz oscuro, cerrado, una especie de masa informe que nos arrolla sin darnos tiempo a sacar defensas útiles. La presencia de este estado agitado del pensamiento nos debe convocar a buscar formas de conexión con nosotros mismos para dejar atrás tamaña desazón. Cuando encontramos algún tipo de paz, las sensaciones displacenteras bajan, dando lugar a un pensamiento más calmo, transformando la dimensión del problema en datos reales. Estos recursos saludables son una manera de estar mejor, pero también demuestran cómo la angustia entorpece las funciones cognoscitivas cuando se conjugan y dominan.

Pienso, luego existo

La frase de Descartes alude a que la existencia está determinada por el pensamiento, y que él, y solo él, es el que puede darle un sentido a la vida que vivimos y la que deseamos vivir. La existencia entonces será el producto de esta actividad de conocer, de nombrar, de entablar un diálogo con nosotros mismos y con el entorno. Esta función esencial del pensamiento construye en nuestro interior una idea del mundo interno y del externo, con la posibilidad de flexibilizar la relación según las etapas de la vida que atravesamos. Nada es fijo ni lineal; la vida misma no lo es; nos somete a altos y bajos, a desniveles constantes. ¿Por qué el pensamiento tendría que ser diferente? Sin duda hay datos que son fijos: nuestra biografía, aspectos concretos de la realidad, etc. Sin embargo, son mucho más numerosas las lecturas que podemos hacer de la realidad que la evaluación rígida de las cosas. El pensamiento actual recibe dos influencias: por un lado los lineamientos externos (normas, exigencias sociales, ansiedad por pertenecer, competitividad laboral, status, idea de belleza, etc.) y, por el otro, los deseos y necesidades personales que deben luchar por ganar su lugar dentro de los proyectos propios. Y aquí, en este punto, es donde se juega gran parte de nuestro bienestar.

Aceptar, integrar, luchar, aparecen como opciones válidas (aunque diferentes en sus resultados) en el panorama del pensamiento.

"Acepto" o "naturalizo" que las cosas son de una manera y no las cuestiono. O decido reflexionar, pensar, cuestionar.

"Integro" las experiencias pasadas, las exigencias externas y los deseos personales. Acepto a conciencia que en toda elección algo se pierde.

"Lucho" por lo que considero que son mis ideales, intereses genuinos, busco el camino sin ceder a las demandas sociales.

Decía antes que el pensamiento actual ha incorporado la dicotomía, "todo o nada", como una forma de confrontar las ambigüedades, y además, en el mejor de los casos, nos invita a resolverlas. Cada uno elige cómo quiere administrar su vida, pero no se puede estar en conflicto constantemente con "el ángel" y "el diablo", con "lo bueno" y lo "malo", "con lo propio y lo ajeno", con "la verdad y la mentira", con "el amor y el odio", etc. Debemos aprender a integrar las diferentes partes de la realidad para darle un sentido, por lo tanto, una de las funciones del pensamiento es reunir y no separar.

Algunas recomendaciones para usar mejor la capacidad de pensar

- El pensamiento le da un sentido amplio a la realidad, para nada debería convertirse en una lectura única de la misma.

- El pensamiento rígido no brinda bienestar, por el contrario, somete a una cárcel insalubre.

- Detecta y aleja el pensamiento "todo o nada", no desmerezcas los grises.

- No te quedes con una sola visión de lo que ocurre, piensa más allá, es cuestión de "abrir la cabeza" y animarse.

- Mucho de la visión esquemática y lineal es consecuencia de la ansiedad.

- Regístrala e intenta controlarla.

- Las peores personalidades de la historia convirtieron su pensamiento en paranoia, sometimiento y muerte. La obsesión, la desconfianza, la soberbia, la crueldad tienen como base la idea de que "el otro merece ser controlado".

- Abre el pensamiento a todo lo que la vida te ofrece, sin prejuicios ni preconceptos.

- El pensamiento está para enriquecerlo, sin esa buena acción, tiende a empobrecerse. Y así ocurre con la existencia.

Pensamiento y meditación
Por Silvia Pérez

Una de las mejores disciplinas para mejorar la capacidad de pensar es la meditación. Dentro del vasto grupo de los que aún no han practicado, están los escépticos, los vagos y los que tienen la excusa constante de que no pueden concentrarse. Este es uno de los comentarios más frecuentes de las personas que tienen dificultades para iniciar la práctica: No, yo no puedo concentrarme . La meditación no es concentración. La concentración está bajo el control de nuestros sentidos, mientras que la meditación trasciende los sentidos. La concentración la usamos esn forma involuntaria para realizar los actos de todos los días: leer, escribir, comer, caminar. Esta concentración ocurre naturalmente. Es cuando la mente, inteligencia y sentidos se ponen de acuerdo y actúan. Sin este acuerdo, ni siquiera podríamos caminar. En cambio en el proceso de meditación lo que ocurre va más allá de los sentidos. Entre la concentración y la meditación hay una delgada línea donde se produce la contemplación.

Es desde la contemplación que se llega la meditación.

Conceptos sobre meditación

- La meditación es un periodo de descanso que le proveemos a la mente incansable, que va de un lado a otro.

- La meditación es un viaje interno que deja atrás el mundo objetivo, tras el que corren los sentidos.

- La meditación no es solo asumir una postura, controlar el ingreso y egreso del aire, y concentrarse en una imagen.

- La meditación es sostén espiritual. Es combustible.

- La meditación es una función interna del ser humano. Es el vaciamiento de la mente que se llena con la Luz que nos ha creado y habita el corazón.

- La meditación es una disciplina que no se puede enseñar ningún libro de texto, ni comunicarse por medio de clases. Solo se puede guiar.

Para aquellos que huyen hasta de la palabra "meditación", quiero aclararles que no tiene nada que ver con ninguna religión, y que es algo que pueden practicar todas las personas de todas las edades, razas y de cualquier credo, así como de cualquier esfera social y cultural. Si un niño puede meditar, su vida será altamente diferenciada en su carácter, y es el carácter lo que determina nuestra vida, nuestro obrar, nuestro paso por la tierra. Hay grandes estadísticas acerca de los niños y adultos que practican meditación en cuanto al mayor rendimiento, creatividad, memoria y otras funciones.

Existen muchas técnicas y formas de meditar. Yo los guiaré en una de ellas, llamada "universal". Y aquellos que la practiquen verán que poco a poco cambia el carácter, la disponibilidad, crece la autoconfianza y, paulatinamente, se van disipando esos miedos que todos, o casi todos, almacenamos en las angustias del pasado y el incierto futuro.

Algunos tips a tener en cuenta

1. FE Y PERSEVERANCIA.
No impacientarse por los resultados. Que sea con alegría.

2. LUGAR.
Lo ideal es tener un lugar fijo para estar a solas y sin interrupciones. Dada las condiciones de vida actuales, es mejor que el lugar no sea un obstáculo, y donde sea que podamos meditar, lo hagamos.

De ser posible, buscar un lugar en la casa, un rincón, un cuarto acondicionado, lindo, ordenado, con una mesita, un estante, una velita. Hacer un pequeño lugar agradable.

3. POSTURA
Es indispensable que la postura sea cómoda y estable. Estando quietos, el flujo de energía se estabiliza y ayuda en la primera etapa.

Podemos sentarnos en una silla, en el piso, en un almohadón. La clave es mantener la cabeza, cuello y tronco en una misma línea. Prestamos atención a que estén relajados tobillos, caderas, hombros, cuello, maxilares, La mano derecha sobre la mano izquierda, ambas descansan sobre el regazo con las palmas hacia arriba. Ropa cómoda y floja. Es mejor no usar calzado.

4. HORARIO/ REGULARIDAD

Lo ideal es meditar todos los días, a la misma hora y en el mismo lugar. Esto ayuda mucho a la práctica. Pero si no se puede lo importante es realizarlo donde sea. Inclusive se puede hacer la práctica mentalmente, recordando el estado de calma y armonía, observando la respiración.

El horario más favorable es la mañana, cuando todavía no se han comenzado las actividades del día. También a la tarde cuando cae el sol. Dos veces al día sería lo óptimo, según dicen todos los maestros. En algunos periodos de mi vida lo hice, pero confieso que es difícil en la actualidad. A la mañana, antes de que todo comience, es el momento perfecto, para salir a la vida con otra predisposición.

5. DURACION DE LA PRÁCTICA

Está bien si comenzamos con 10 o 15 minutos. Y se extenderá paulatina y espontáneamente a medida que entremos en meditación.

6. VELA

Antes que nada, encendemos una vela, ya que esta guía es para la meditación en la luz o universal. La luz de la llama y su brillantez no disminuyen, aunque con la misma se enciendan muchas otras, lo que se convierte en un símbolo apropiado para el infinito, lo absoluto. Si no estamos en casa, simplemente imaginamos la luz de una vela.

> Nunca juzgues tu meditación. No admite juicio. No está bien ni mal, ni mejor o peor. Es lo que es. Una experiencia personal e intransferible.

Guía para meditar

- Sentados cómodamente con la espalda lo más erguida que sea posible y sin apoyarla, observamos la llama de la vela que está frente a nosotros, su forma, color, calor, etc. Luego de un tiempo de observación, cerramos los ojos y llevamos la imagen de la llama al entrecejo. Si te cuesta, repetimos la tarea nuevamente, hasta lograrlo.

- Comenzamos pronunciando tres veces el OM sostenido. El OM es el sonido de la creación. Siempre que estés alterado, probá inhalar y mientras vas exhalando pronuncia el OM, una, dos o tres veces. Inmediatamente algo cambia. Ahora mismo puedes probarlo. Dejá de leer, cerrá los ojos, inhala y pronuncia el OM al exhalar.

- Luego hacemos descender la Luz desde el entrecejo hasta el centro del corazón, visualizando cómo ilumina todo en su recorrido. Es tan intensa que, al llegar al corazón, va transformándose en un Sol e irradia Luz hacia todo el cuerpo. Salen rayos de luz desde el corazón hacia los brazos y las manos; luego los dirigimos, siempre desde el corazón, a las cuerdas vocales, boca, a los ojos, a la mente. Todo se llena de LUZ. Somos luz. Para pensar bien, ver lo bueno, oír el bien, y accionar el bien. La mente es toda LUZ ahora. La luz se expande por todo el cuerpo hasta las extremidades, manos, pies.

- Si llegan pensamientos, los dejamos pasar. Somos observadores. Y volvemos a la LUZ, eso nos ayudará a regresar a la práctica. La LUZ brilla en nosotros cada vez más intensamente. Se disuelven los límites del cuerpo y la LUZ que habitamos sale y se funde con la LUZ del SOL que a todo da vida. Somos Luz.

La expandimos a nuestro entorno, a los seres queridos, al país. Permanecemos en la LUZ, o en el estado al que hayas llegado, el tiempo que quieras.

- Suavemente volvemos a nuestro cuerpo, atesorando esa LUZ. Lentamente, observando de nuevo la respiración, pronunciamos: OM SHANTI SHANTI SHANTI (Yanti, yanti, yanti: Paz, paz paz)

- Durante la práctica, permanecemos dejando que la luz nos envuelva, uniéndose la LUZ propia con la universal, el tiempo que lo deseemos. A medida que avancemos en la práctica, iremos encontrando el tiempo personal. Meditar 20 minutos es ideal, pero la práctica siempre será útil aunque sean 5 minutos por día.

- El proceso de la meditación en la LUZ podría verse de esta manera: Primero estamos observando la LUZ, luego la LUZ está dentro de nosotros, después tomamos conciencia de que somos LUZ, ni más ni menos. Y quizá descubriremos que esa misma LUZ está en todos y en todo.

Realidad y fantasía
Por Walter Ghedin

Así como en estos tiempos de ansiedades y urgencias se hace difícil encontrar un momento para estar solos y reflexionar sobre la vida que llevamos, la fantasía se ubica como un buen recurso para atenuar la "cruda" realidad. La fantasía se convierte en deseo que se orienta hacia un futuro mejor, o en un presente que modifica favorablemente nuestra imagen y el sentir personal. La mirada introspectiva busca en la memoria, en la multiplicidad de datos de los pensamientos, y construye una imagen ilusoria o representación que tiene múltiples partes, algo así como un rompecabezas interno que integra cada una de ellas. Sin perder el criterio de realidad, la fantasía da sustento y fuerza a muchos proyectos personales ¿Quién no ha recurrido a ella para imaginar una situación del presente o de un futuro promisorio? Desde niños construimos castillos, reinos, imágenes de superhéroes que se mezclan con las que impone el entorno en términos de construcción de identidades en general, incluido el género. "El mundo de las princesas" es femenino y dialoga con datos de la realidad, convertidos en "inocentes" juguetes: cocinas, lavadoras, bebés para cuidar, muñecas que siguen la moda, etc. Lo mismo sucede con los héroes masculinos, que pueden volar con más libertad: las pelotas, los camioncitos, las armas de plástico, las carreras de autos, son todos juegos que estimulan la sociabilidad, la fuerza y el desplazamiento corporal. Los juegos que la sociedad impone con supuesta inocencia son de una fuerte influencia en el armado de la identidad de género, además del lenguaje que nombra según la lógica binaria de lo masculino/femenino. En este contexto el niño asume que la realidad tiene mucho de fantasía y viceversa; no hay límites claros entre una y otra, excepto que la contundencia de lo real caiga desde muy niños por su propio peso cuando se viven traumas infantiles. Y aun así, en niños sometidos al abuso, a la violencia, al maltrato familiar y social la fantasía seguirá cumpliendo su labor de resguardo, solo que irá perdiendo fuerza para dar lugar a las estrategias que la realidad exige para la supervivencia. Existen relatos de personas que siendo niños lograron sobrevivir a la adversidad gracias a la fantasía. Recordemos la película *La vida es bella* de Roberto Benigni, cuando el padre llena de fantasías la realidad de su hijo, prisioneros ambos en un campo de concentración. La fantasía crea mundos posibles dentro de un mundo imposible; un mundo que cada vez parece distanciarse más y más de las estrategias humanas para aprehenderlo.

La virtualidad como fantasía

De todas las influencias del medio, el avance tecnológico es el que más socava la fantasía, por lo menos tal como se entiende esta función psicológica en la actualidad. Quizá dentro de unos años exista la "fantasía virtual", algo así como la que crean los anteojos de realidad virtual. Quizá las aplicaciones para conocer gente como Tinder o Happn sean el ejemplo de cómo, con un perfil y chateo posibles, se pueden disparar las fantasías, ricas en imágenes y representaciones ilusorias. Todo es aleatorio en estos tiempos de vértigo. Si en la década del 80 el comienzo de la era visual se esbozaba como un cambio, fue a mediados de los

90, con la llegada de la Internet, la que empezó a dominar el campo de la percepción y la conducta social. Hoy en día es imposible pensar la vida cotidiana sin los soportes tecnológicos como parte fundamental; es más, la misma realidad está siendo desplazada por imágenes de hechura virtual. Las relaciones humanas están mediadas por algún dispositivo que cumple la función de la palabra hablada y del contacto físico. Se dice "vínculos amorosos" cuando en realidad solo se contactan máquina mediante, y uno desde afuera, necesita precisar si existe el otro real o es solo un chat entre las partes. El discurso entre la realidad y la fantasía ilusoria es confuso. Los niños que tienen acceso a las tabletas o a computadoras están perdiendo la capacidad de juego y de interacción en el espacio físico y social, retrasando la creación de mundos imaginarios, fundamentales para el desarrollo del pensamiento y los afectos. Ni que hablar de la comunicación entre los adultos empobrecida por la omnipresencia del teléfono móvil, lo cual lleva a un estado expectante por saber si se están recibiendo mensajes y por el contenido de los mismos. La atención está sometida a un bombardeo permanente de estímulos y cuesta cada vez más orientarla hacia el interior de nuestro ser.

La fantasía como defensa

El medio externo debe ser regulado por el mundo interno para que no nos desborde tanta información. Sin embargo, desde hace unas décadas, la lucha es cada vez más desigual: gana el entorno. Y cada vez importa menos si el medio es urbano o rural. Algunos creen que alejándose de las ciudades estarán más protegidos, cuando en realidad la mejor protección es tomar decisiones sobre aquello que nos daña, y no solo cambiar de espacio físico. El psiquismo se halla bombardeado por un sinnúmero de datos que recirculan para dar lugar a otros, y así sucesivamente. Y entre tantas propuestas que rebasan la comprensión, abundan los mundos felices; los cuerpos gráciles; las frases que revelan, con un bello paisaje de fondo que la felicidad es posible. El medio invita; solapadamente exige, demanda: "si otros pueden, por qué no yo". La realidad exitosa que toca a otros con su varita, se impone como una verdad sin vueltas. Existen personas que corren tras un objetivo sin poder parar; otras que dudan, se decepcionan, sienten miedo. Y estas últimas, aunque se pongan máscaras para ocultar sus inseguridades, estarán presas de las mismas. En este mundo que vivimos, mostrarse vacilantes, frágiles, no es bien visto. La idea del bienestar y el éxito tiene que estar por encima de todo. Las personas guardan el dolor tras sus máscaras sonrientes, también la aprensión y el miedo. La máscara sirve de defensa para el afuera: "No quiero que mis hijos me vean mal", "No quiero que me pregunten nada en el trabajo", "No me lo puedo permitir", etc. En este contexto, la fantasía emerge como una defensa. La fantasía defensiva cumple las expectativas de la sociedad exitosa: "voy a ser la madre, o el padre, que mis hijos necesitan", "seré la mejor en el trabajo y ganaré el puesto que me merezco", "quiero decirle a todos lo bien que me siento". En la fantasía todos los problemas encuentran solución; y no solo se resuelven: la imagen personal devaluada se convierte en "superada". La fantasía defensiva es un salto imaginario hacia el territorio de la seguridad, el éxito, los objetivos claros y la felicidad en la palma de la mano. No obstante, será una columna endeble. La realidad pegará más fuerte cuando nos vuelva a demostrar que seguimos siendo los mismos de siempre.

Algunas recomendaciones para usar la fantasía a nuestro favor

- La fantasía es una función que nos aleja de la realidad sin perder los criterios que la sustentan.

- Gracias a la fantasía imaginamos, proyectamos, nos ilusionamos, nos conectamos con nuestro mundo interno y sus potencialidades.

- Los medios tecnológicos crean la ilusión de una realidad que no es tal, justamente porque carece de la presencia corpórea del otro. Es una imagen parcial que se completa con tus deseos y necesidades.

- La fantasía tiene que servir al resguardo de lo propio para no caer en generalizaciones que imponen modelos a seguir.

- Cuando la fantasía se usa como defensa, se reproducen en la imaginación modelos de éxito que la sociedad impone como "ganadores": belleza, motivación, ideales de éxito, relaciones sociales triunfantes, estereotipos amorosos y sexuales, etc.

- La fantasía debe integrar tus referentes reales con la imagen que te gustaría alcanzar. La imagen ideal debe anclar en la imagen real, es decir, en lo que eres en este "aquí y ahora".

- La fantasía debe tener sustento en el conocimiento personal, caso contrario, estará más vulnerable a la confirmación externa.

Inteligencia racional y emocional
Por Walter Ghedin

¿Cuántas veces escuchamos decir que tal o cuál persona es "inteligente"? Sin embargo, a menudo el concepto se limita al saber intelectual, la información enciclopédica, la capacidad para las matemáticas o las ciencias exactas; el famoso "bocho" que avanza cosechando éxitos. Este es uno de los aspectos de la inteligencia intelectual: reunir datos y asociarlos logrando ecuaciones o resultados válidos. No obstante, ser inteligente por desarrollo del intelecto, no significa hacer uso racional de la inteligencia. Dar forma concreta a datos sueltos, probar variantes con los mismos, descubrir nuevas realidades con originalidad y creatividad en distintas áreas de la vida (no solo en el desarrollo laboral o profesional), habla de un uso inteligente de la racionalidad. Este "Agente Racional" como lo denominó hace ya varias décadas el psicólogo norteamericano, Gordon Allport, es una parte fundamental del Yo personal, es decir del conocimiento que tenemos de nosotros mismos. Allport considera que contamos con esta capacidad consciente para dar respuesta a las situaciones de la vida sin recurrir a mecanismos defensivos, es decir: "ayuda a adaptarnos de la mejor manera a las circunstancias que a diario se nos presentan". Y no se refiere a situaciones especiales que demanden un esfuerzo mayor, sino a todos los eventos que necesitan de decisiones y conductas acordes con las mismas. La inteligencia racional es una función que se conecta con la percepción, el pensamiento y las emociones, dando como resultado una conducta más eficaz en términos de adaptabilidad. El grado de eficacia dependerá de la coherencia interna. Imaginemos una pareja que rompe su relación. Sabemos el dolor que provoca un hecho de esta naturaleza, sobre todo cuando hay hijos pequeños. En la mejor opción la inteligencia racional "sabe" e informa que no es posible continuar, con la ayuda de la inteligencia emocional ambos lograrán coherencia, evitando demandas innecesarias en pos de enmendar lo que ya se sabe que está roto. En el caso contrario, menos saludable, la inteligencia racional envía información correcta de que la relación no se puede sostener más, no obstante, casi en simultáneo aparecen pensamientos intrusivos que intentan desorganizar al Yo endeble: "seguramente está con una nueva relación", "no me atendió el teléfono y está en línea en WattsApp, por lo tanto está en algo raro", "no se ocupa de los chicos", "¿qué voy a hacer si me separo?", etc. Ni la inteligencia racional, ni la emocional, están logrando un acuerdo. En consecuencia, vendrán los reclamos, las quejas, los enojos, las demandas, la falta de sexo, o el sexo fogoso que dirime conflictos. Y así, un duelo marital que tendría que transitar por el dolor de lo perdido, se convierte en una contienda, en la prolongación interminable del conflicto.

Inteligencia emocional

A mediados de la década del 90 el libro *Inteligencia Emocional* del periodista y psicólogo clínico Daniel Goleman se convierte en un bestseller mundial. El concepto se conocía desde antes, sin embargo, la sociedad estaba esperando nociones novedosas para entender qué pasa con los afectos, sobre todo cuando se descarrilan y alteran la vida interpersonal. Si hasta el momento el IQ o coeficiente intelectual fue la medida de la inteligencia y servía para determinar la capacidad para comprender el mundo, relacionarse y dar respuestas adaptativas, la inteligencia emocional crea un patrón nuevo con escalas de evaluación que sirven para la selección de personal y, por sobre todo, a la divulgación de nuevas formas para medir los recursos cognitivos y racionales. Con este concepto de inteligencia emocional podremos entender cómo son las interacciones entre las configuraciones de género, las habilidades sociales, mejorar la pertenencia social y dar respuestas con menos desgaste afectivo.

La inteligencia emocional se define como la capacidad para dirigir mejor las emociones y hacer más efectivas las conductas para sí mismo, y en las relaciones interpersonales. Si antes se creía que la inteligencia estaba determinada por la agudeza de las capacidades cognoscitivas (sobre todo la percepción y el pensamiento), la inteligencia emocional destaca el papel de los afectos para regular lo que se percibe y piensa. Además, si el antecedente a esta idea consideraba a las emociones, los sentimientos, el estado de ánimo, como funciones psicológicas secundarias a la supremacía del pensamiento, hoy se ha revertido para colocar en un lugar especial a las funciones afectivas. El desafío es la regulación de las mismas para lograr un mayor grado de efectividad social.

Ahora bien, como en este mundo globalizado las cosas no ocurren espontáneamente, sino por el influjo de una horda de imágenes externas que condicionan la vida en general, el entrenamiento de las emociones requiere de diferentes grados de concientización para que, en lo sucesivo, los cambios se incorporen como propios. Cada vez se hace más difícil, sino imposible, diferenciar la esencia de origen con lo incorporado como patrones formativos. El psicoanálisis construye un abordaje basado en el síntoma para luego ahondar en el pasado que le da sustento, enterrado (pero activo) en algún lugar del inconsciente. La neurosis es una estructura nacida del conflicto entre ese mundo profundo, repleto de pulsiones que pugnan por salir, y las normativas culturales que intentan modelarlas a su gusto. La postura ontológica del psicoanálisis se contrapone con la simultaneidad que necesita la inteligencia emocional para operar. Se debe actuar en el presente, con lo que se cuenta, para evaluar las alternativas posibles y conseguir respuestas más eficaces. Pero dicha asertividad no se logra por efecto mágico: la conciencia de sí mismo, el conocimiento de los propios recursos, el uso equilibrado de las emociones, la regulación cognitiva, son algunas de las funciones intervinientes. Nada de esto podría producirse si no fuera por una "vuelta hacia uno mismo" en pos de un análisis preciso, es decir, saber con qué riquezas contamos y de qué carecemos. Será imprescindible entonces aprender a cuestionar, a analizar los estímulos y las respuestas que nacen del ser. No debemos olvidar que lo que surge como conducta es solo la punta de un iceberg que hunde sus bases en la esencia de cada uno. Y entiendo la justificación del poco tiempo, de las ganas, del tironeo externo que nos aleja. También sé que esta postmodernidad tardía no brinda demasiado tiempo para la reflexión y el cambio. Si hasta la década del 90 la gente llegaba a la consulta psicoterapéutica queriendo saber más de sí misma, hoy en día los motivos de consulta son la urgencia para no perder competitividad, para mantener la funcionalidad en un sistema abrumador, y resolver el síntoma en forma inmediata. El aumento de las terapias farmacológicas y los abordajes terapéuticos cognitivo conductuales permiten trabajar en el malestar sin que la persona quede fuera del sistema de producción. No obstante, no hay tiempo para revisar las fuerzas pretéritas cuando el presente demanda atención urgente. No debemos olvidar que las teorías psicológicas tienen presencia en los diferentes medios de comunicación. El efecto de la divulgación (diarios, revistas, programas de TV, libros, terapias de autoayuda, etc.) regula los comportamientos sociales, aporta a los padres herramientas para la crianza de sus hijos y ayuda a tener en cuenta factores de riesgo, etc. En este capitalismo de la post modernidad tardía, las clases medias incorporan normas que actúan sobre las emociones en pos de conseguir lugares óptimos de status laboral, interpersonal y erótico. En este contexto, la relectura del concepto de narcisismo, se hace más que necesaria. El conocimiento y el cuidado de uno mismo son obligaciones impuestas que tienen la doble arista de, por un lado, poner al sujeto en conocimiento de su cuidado personal, y por otro lado, exigir que sea exitoso el ingreso al medio social. Será una tarea de padres, educadores y agentes de salud facilitar la emergencia del propio cuidado y de los otros, en un marco de competitividad casi obligada. No podemos ubicarnos en un lugar utópico, ilusorio y hasta romántico de la vida en sociedad. Pecaríamos de necios si preparamos a nuestros hijos para un mundo ideal, que como tal, existe en nuestros sueños, pero no en la realidad cotidiana. No obstante, si los cambios no provienen del contexto mayor que es la sociedad toda, deben surgir de nuestros pequeños mundos, y de ahí, unido a otros, tendrán más posibilidades de replicarse creando un mundo mejor.

El "ego" como figura de presentación social

La postura narcisista que se impone como "ganadora" es dimensional: comprende desde el extremo patológico (exaltación de capacidades reales o imaginarias, carencia de empatía, relaciones interpersonales utilitarias, etc.) hasta formas más atenuadas y aceptadas socialmente. El cuerpo "presentable" así como el compromiso, la responsabilidad y, por sobre todo, el ímpetu de progreso y crecimiento, son aspectos solicitados y muy bien vistos a la hora de conseguir trabajo. La competitividad es la escalada al éxito para ganar mejores espacios de status social. Sin un cuerpo acorde a estas exigencias no hay ascenso posible. Pero tanta actividad "para afuera", tanta mascarada con convencimiento, oculta tras de sí incapacidades, debilidades y frustraciones que no deben mostrarse. Y a veces ni siquiera la intimidad sirve de refugio a esos dolores del alma que no pueden ser compartidos, por pudor, o simplemente porque no se conocen; han sido reprimidos y desplazados. Tal grado de disociación interna es fuente de muchas dolencias relacionadas con la vivencia de fracaso, no por no haber logrado lo que se deseaba a priori, sino por lo postergado, por lo quedó atrás para dar respuesta a las exigencias sociales. Cuántas veces hemos escuchado: "dejé lo mejor de mi vida en ese trabajo y ahora me despiden con medalla y abrazo. Para qué sirvió tanto esfuerzo". Este replanteo personal no tiene compensación posible con lo conseguido: "crié a mis hijos, les di techo, comida, educación… ¿Pero qué hice de mi vida?". Es probable que durante el transcurso de la vida adulta haya existido algún pensamiento que cuestione o replantee lo que se está haciendo; pero así como aparece desaparece en pos de seguir cumpliendo con lo que se cree que debe ser "normal". Es en este intríngulis, donde uno queda entrampado en un conflicto entre los verdaderos deseos de superación y los impuestos por la sociedad toda. En momentos de rebeldía, el dinamismo interno regresa a los impulsos primigenios, especie de fuerza reveladora, en pos de no quedar ceñido por cláusulas rígidas. Apropiarse del cuerpo, de los deseos, de una filosofía de vida, también se puede convertir en una exigencia actual, por tal motivo hay que ser precavidos para no caer en las generales de la ley. La decisión siempre será nuestra y hay que velar por la primacía de lo propio. El ideal de belleza, las modas imperantes, la homogenización física, la influencia de los medios de comunicación y tecnológicos apuntan a conformar sujetos con poca diferenciación entre sí, bajo la apariencia de subgrupos según la clase social, el nivel académico, la jerarquía laboral, etc. El lugar común puede camuflarse de glamour o de supuesta rebeldía, sin darnos cuenta de que lo que se hace es más de lo mismo. Respuestas globales y estándares repetitivos, abundan; faltan las respuestas auténticas, aquellas que evidencian la propia verdad.

Motivación y emoción
Por Walter Ghedin

La fuerza interna que nos impulsa al crecimiento es una característica de la vida. Desde el cobijo del útero hasta la muerte, el aliento vital sacude cada una de nuestras fibras provocando cambios. Somos la medida de esa energía o "elan vital" concepto acuñado por Bergson para referirse a ese impulso que gobierna, desde los procesos químicos de las células hasta lo más profundo del alma. En un principio somos instinto, pulsión, luego deseo y motivación. Las necesidades básicas son motivaciones que tienden a ser cubiertas para bajar la tensión y sentirnos satisfechos (hambre, sed, amor, vivienda, trabajar, seguridad, valoración, etc.); estas necesidades surgen de lo más profundo de nuestro ser y esperan algún tipo de cobertura. La inquietud que provocan puede ser molesta, sobre todo cuando la fisiología pide ser compensada con urgencia. El otro tipo de motivaciones son las de desarrollo, es decir aquellas que responden a aspiraciones propias (deseo de tener hijos, proyectar una vida, solos o en pareja, comenzar a estudiar, conseguir mejores trabajos, etc.). En estos casos, la tensión no es molesta, por el contrario, es agradable porque sentimos que estamos avanzando desde nuestros deseos. Estas motivaciones no podrían funcionar como tales sin la ayuda de las emociones o los afectos que impregnan cada decisión de entusiasmo, calma, satisfacción y placer.

Avanzar o retroceder

Las funciones motivacionales superiores involucran a la conciencia: sabemos que algo nos ocurre, somos conscientes de los deseos y de las necesidades. La tendencia que nos mueve a conocer, la curiosidad, la competitividad, la puesta en claro de proyectos personales, la vida interpersonal y amorosa, la necesidad de transcendencia, son claros ejemplos de la relación estrecha entre la motivación voluntaria, consciente y el mundo afectivo que las nutre. Como seres pensantes, podemos evaluar los objetivos propuestos, poniendo especial énfasis en cuáles son las prioridades para cada etapa vital. No obstante, la capacidad humana de selección de metas no siempre funciona para dirigir nuestra vida hacia la salud. Cuantas veces chocamos con "la misma pared" y nos reprochamos haber incurrido en el mismo error. Tener una capacidad no implica usarla para nuestro bienestar. Las emociones subyacentes muchas veces nos juegan la mala pasada de hacernos creer que una determinada acción es la acertada. El entusiasmo, las fantasías, la imaginación, la construcción de ideales, la ansiedad, la imitación de conductas ajenas "si otros pueden... ¿por qué yo no?", nos alejan de una evaluación más real del objetivo. Menos mal que podemos aprender de la experiencia para no repetir las mismas conductas desafortunadas. Pero no somos perfectos. Y los tiempos que vivimos nos apuran a dar respuestas cada vez más urgentes a las contingencias de la vida. No toleramos la incertidumbre: la vivimos con desesperación. Preferimos dar manotazos de ahogado, aferrándonos a cualquier solución para "salvarnos". La ansiedad por obtener resultados rápidos nos embriaga, impidiéndonos pensar si el objetivo propuesto es el más acorde con lo que necesitamos. La motivación queda obnubilada, solo "debe" motorizarse para alcanzar la meta elegida.

A diario nos topamos con necesidades o deseos que requieren de algún trabajo mental para ser resueltas. Me refiero a situaciones más o menos complejas que precisan no solo del reconocimiento de la motivación, sino también, y sobre todo, de cotejar diferentes alternativas. El uso de la fantasía y de la imaginación debe acompañar a este proceso: "¿cómo me veo haciendo tal o cual cosa?", "¿de qué manera mi vida se modifica si tomo esta decisión?", "¿me veo disfrutando o voy a sufrir más?", "¿me siento feliz, me angustia o me produce indiferencia?".

Las emociones tiñen cada una de las acciones que dirigen nuestra vida. La existencia personal debería verse enriquecida a medida que transitamos las distintas etapas vitales. Un proceso saludable sería aquel que, a medida que cubrimos las necesidades básicas (alimento, vivienda, seguridad, etc.), nos permita superar los objetivos materiales, proyectándonos a un nivel de trascendencia. Creo que de esta forma, la mirada retrospectiva sobre las decisiones relevantes que se han tomado en el pasado, tendrán la inocencia, la comprensión, la piedad del alma humana. Y el futuro tendrá la certeza de la esperanza justa.

Acerca del deseo
Por Walter Ghedin

Como decía antes, la vida de todas las personas está dirigida por necesidades, deseos, motivaciones. Estas diferentes fuerzas innatas tienen como predecesor al instinto, impulso primigenio que une al recién nacido con el seno materno a través de la succión, o permite que responda con una sonrisa frente a los rostros conocidos. El instinto es fundamental para los primeros contactos con el mundo externo; sin él sería imposible la diferenciación entre lo propio y el afuera, entre el niño y el entorno. La madre, u otro adulto cercano que provea el alimento material y afectivo, será generador de respuestas de apego mediadas por los instintos. Formarán con el niño una unidad funcional difícil de romper. Claro que no estamos toda la vida sacudidos por los instintos. A medida que progresa la maduración del Sistema Nervioso, también lo hace el psiquismo, dando origen a las primeras vivencias personales, reconociéndolas como propias y diferenciándolas del resto. Así se deja atrás el instinto y adviene la aventura de explorar el afuera con las primeras necesidades y deseos. La intervención de la neocorteza cerebral (región más evolucionada del cerebro) convierte a los instintos en deseos, los modela bajo el influjo de la civilización y la cultura. Dejamos la naturaleza primitiva, animal, para ingresar en el mundo social y cultural. Serán estas instancias las que ahora modelarán la vida humana convirtiendo el caos inicial en un orden controlado por las normativas sociales. Sin embargo, no todos los deseos son obedientes, y aún dentro de un marco de respeto al otro, intentamos hacer lo que nuestro fuero interno requiere para lograr la congruencia deseada. Las pautas impuestas por lo social han tenido que modificarse ante el avance y la lucha de deseos, antes domesticados o cercenados. Muchas culturas aún son hostiles con la libre determinación de las personas, impidiéndoles ser más felices. No obstante, los deseos son fuerzas poderosas que saben resistir y esperar.

Las limitaciones propias

En un mundo hostil, injusto, desparejo, salimos con nuestros deseos a ofrecerle el pecho. No queremos quedarnos con la sensación de impotencia, bronca, o resignación. Cada uno, desde su "pequeño universo" lucha por vivir mejor. No nos quedamos con lo conocido, tratamos de crecer, de desarrollar lo mejor de nosotros. Y, si existe oposición trataremos de hacerle frente. La adversidad está en todos lados y cada acto que realizamos puede tener su "riesgo". Integrar la vida propia a la social (pareja, familia, trabajo, amigos, etc.) ya implica un desafío: "incluir al otro" en nuestra existencia. No obstante, es una dinámica vital, flexible, movediza, cambiante, pasible de ajustes, confirmaciones y renuncias. Y ahí, por lo bajo, estará el deseo, dirigiendo los movimientos en pos de ser lo más congruentes posibles con nuestra visión del mundo.

La salud psíquica es un concepto muy subjetivo y difícil de conceptualizar, de lograr una definición común a todas las culturas. Sin embargo, podemos decir que una visión más amplia del mundo propio y del ajeno traería aparejada formas de pensar, sentir y actuar más democráticas. Y, por el contrario, cuanto más ceñida es la cognición (el conocer) más se restringen las otras funciones. Los deseos se sienten más cómodos y menos coaccionados cuando se tienen diferentes alternativas a la vista. Las limitaciones propias surgen de esta mirada acotada de la vida. En algunas personas esta rigidez se convierte en desconfianza, críticas constantes, malestar hacia todo lo que provenga del afuera. Nada los conforma, excepto el saber que ellos "tienen la verdad". En otros, las limitaciones los vuelven temerosos, con sentimientos de inferioridad. Al contrario del caso anterior, el afuera es para ellos algo inasible, solo posible para los que tienen habilidades. También existen personas dolidas por las experiencias, sobre todo amorosas, que se llaman a sosiego; se resignan, no quieren poner en marcha nuevamente sus deseos, los vuelven hacia sí mismos buscando una reparación. Y sufren. En fin, distintos ejemplos de cómo los deseos pierden su impulso de crecimiento, de desarrollo y se vuelven esquemáticos, defensivos. Y así la vida de estas personas se empobrece, pierde salud. La resignación es una de las conductas más dañinas; impide que el deseo curse por un camino de opciones diversas (acertadas o no) y provoca que quede encasillado en una trama cerrada, sofocante, donde el aparente sosiego es solo una pantalla que esconde lo postergado. Si la capacidad humana del deseo es vital, darle curso para que no enferme nuestro cuerpo y mente es una tarea que hay que asumir. Y estamos hablando de una fuerza poderosa que es eje central en la existencia. Hoy en día, la expresión "lugar de confort" ilustra cómo muchas personas creen que quedándose en esa supuesta "seguridad" estarán a salvo de la angustia. La inmovilidad de la comodidad es movilidad interna. Reprimida o negada, la tormenta interna bulle por encontrar alguna vía de salida. Tantos pensamientos y justificaciones se plantan en ese lugar de la mente para que nada suceda y es vivido como algo "normal y generalizado". escuchamos al respecto: "es lo que hay que hacer", "mejor esto antes que nada", "aguanto por miedo", "no sabría cómo hacer", etc. Cada una de estas frases se arraiga con tanta fuerza que se convierte en una creencia inabordable. En psicoterapia escuchamos repetir estas palabras que, como llaves, cierran todas las cerraduras del crecimiento. La decisión de compartir con un terapeuta las dolencias y las cerrazones resultantes es una alternativa para abrirlas. Sin embargo, no todos los pacientes se animan a transitar ese pasaje hasta llegar a un lugar más promisorio. Hay personas que no pueden superar el "no sé qué hacer" y no pueden más que asomarse a un paisaje que se les niega: creen que solo es posible para los audaces, para aquellos que pueden cuestionar el lugar de comodidad que los inmoviliza. En estos tiempos, vivimos una gran paradoja: por un lado la modernidad induce a generar cambios para vivir mejor, a hacernos cargo de las decisiones que tomamos; y por el otro, la tendencia a "no mover mucho lo conseguido". El conflicto entre el cambio/no cambio está planteado, por lo menos, en la intimidad de los pensamientos. Así como se instala la vivencia de audacia también el miedo hace lo suyo. La audacia requiere de curiosidad, de acción, de ganas, de proyección futura; el miedo le hace de opuesto, y como tal, lo afronta a todo lo peor que podría suceder. El miedo odia la curiosidad y ama lo conocido; odia la incertidumbre y ama la certeza. Y así, entre estos polos disímiles la vida pasa.

Vivir con los opuestos

Muchas veces pensamos que las cosas son "todo o nada"; cuesta ubicarse en los diferentes lugares que median entre los polos opuestos. Se llama pensamiento dicotómico a esta forma de "ver las cosas": o es "blanco o negro", "todo o nada", "amor u odio", "separados o juntos", "dependencia o independencia". Esta forma maniquea de interpretar los hechos provoca más problemas que soluciones, sobre todo en este mundo en que vivimos, muy alejado del siglo III d.C. cuando el sabio persa Manes funda una religión basada en ese precepto universalista. La concepción maniquea ha sido refrendada por el dogma religioso que separa el bien del mal, el puro del impuro, y ha dado lugar a distintas formas de restricción personal además de la discriminación resultante. No somos ni malos ni buenos, ni sanos ni enfermos, ni egoístas ni altruistas. La vida humana es un transitar entre estas dimensiones. En la mayoría de las personas existen diferentes estados de ánimo y reacciones según las circunstancias que tengan que afrontar. Aceptar que "somos y actuamos" en un espacio conductual extenso, que abarca infinidad de gamas de respuestas, es reconocer la riqueza humana en toda su dimensión. Existen personalidades que hacen abuso del pensamiento de opuestos ya que es su forma de organizar lo que reciben del afuera. Los sujetos obsesivos son sumamente rígidos y no se permiten los errores, es más, cuando inevitablemente aparecen, le echarán la culpa a los demás. El pensamiento dicotómico reina en estas cabezas que solo sirven para aprobar o tachar lo que se ajusta a la norma y lo que no. Para ellos el caos de la vida merece un orden duro, inamovible; la sola idea del caos, o el más mínimo desorden, les provoca ansiedad. El argumento que esgrimen para explicar sus comportamientos y los ajenos se parece más a un régimen militar que a los valores y a la experiencia de vida. Recitan como loros lo que se debe hacer y lo que no, como si hubieran recibido en sus manos los "diez mandamientos", y aun así serán "más papistas que el papa". No son flexibles, no se relajan; ni dejan que los demás desplieguen sus vidas con libertad.

Empatía
Por Silvia Pérez y Walter Ghedin

¿Cuántas veces, al encontramos con un amigo o una amiga que está sufriendo, nos moviliza su dolor y, en otros momentos, nos conmueve su felicidad? ¿Cuántas veces nos sentimos perturbados por el dolor de una persona que vive en la calle? ¿Empatía es compadecer?

Ser empáticos es ponerse en el lugar del otro, y aunque nunca podremos sentir exactamente lo que siente el otro, algo en común unitivo a los seres humanos se encuentra al situarnos en ese lugar que está viviendo el otro. Ya se trate de dolor, rencor, enojo, alegría, felicidad etc., son todas emociones que hemos experimentado aunque sea en distintas circunstancias. Y si, libres del ego, podemos saber de qué se trata lo que le sucede a un par, estaremos en condiciones de ayudar, acompañar, buscar alguna solución o también hacer nada. Solo comprender. Quizá dar un abrazo donde los corazones se sientan latir. ¡Eso es lo más! Crea un momento único de amor, un instante donde algo mágico sucede. Una abrazo de corazón a corazón.

La diferencia con la simpatía es que aunque sienta lo que le sucede a un otro, me mimetizo con el sentir y eso me impide actuar. Me genera compasión o simplemente me alegra si está alegre. La empatía nos lleva a la conexión mientras la simpatía a la desconexión. Con la empatía podemos tomar la perspectiva de la otra persona, no emitir un juicio, reconocer la emoción del otro, comunicárselo. Eso es ser sensible. Es poder decirle: "sé cómo estás, yo lo pasé alguna vez". En cambio, con simpatía diríamos: "¡Oh, qué horror! ¿Querés ir a dar una vuelta, distraerte?". Quizá siendo empático, no encontremos una respuesta para darle algo mejor, pero nunca desestimes que conectarnos de corazón es dar algo mejor. Cuantas veces un guiño, un apretón de manos, un brazo que pasa por el hombro, o un hombro que se ofrece para sostenernos generan un clic ahí donde aprieta el corazón.

Empatía y compadecer

La empatía es la capacidad afectiva y cognoscitiva de comprender al otro, de estar en "sus zapatos" y sentir lo que "siente y piensa" en esa circunstancia que está viviendo. Se diferencia del compadecer, ya que en este caso se siente tristeza por el dolor ajeno y hasta se desea que cese esa angustia. La empatía es la acción de "sentir lo que siente el otro", en cambio compadecer es "desear que cese el dolor del otro". La empatía remite a la función humana de la sociabilidad, es decir, se activa con los demás, en la vida de relación. Y no solo implica a las personas que forman parte del entorno afectivo conocido (padres, hijos, pareja, amigos, etc.), también aparece con personas anónimas que se cruzan de manera inesperada en nuestro camino. Es más, es muy probable que ante desconocidos la función empática sea más fuerte ya que esa primera imagen es de una indefensión tal que nos conecta con la propia. A medida que conocemos, confiamos en los recursos que cada persona tiene y, junto a la empatía, sentimos también que la situación actual será superada.

La función empática favorece la solidaridad, la ayuda mutua, el amparo afectivo, ético y moral. No se construye desde lo macrosocial, por el contrario, surge de la intervención humana en los vínculos más cercanos. Ser empáticos desde el marco social que nos rodea favorece el desarrollo de la misma y tiende a extenderse a otros contextos. No esperemos que provenga "desde arriba" porque ya sabemos que eso no ocurrirá. No existe ley ni estatuto que la imponga, será desde la apertura cognoscitiva que incluya al otro en su dimensión más humana. Las sociedades más avanzadas han podido construir su bienestar en base a la educación, el respeto mutuo y las sanciones impuestas cuando no se cumple la ley. El orden social necesita de un control de las conductas humanas que actúe en forma sinérgica con la educación y lo aprendido en el seno de la familia. Si esta sinergia se establece en forma equilibrada existirá coherencia y el resultado será la internalización del "bien común" y no será vivido como una imposición pasible de ser transgredida. Sin embargo, aspirar al bien común no garantiza la conducta empática, es más, estas sociedades desarrolladas basan su organización en un acuerdo más racional que afectivo. En todo caso el precepto "mi libertad termina donde comienza la libertad del otro" funciona como regla reguladora de conductas. Quizá sea una utopía pensar en una sociedad empática, más aun en estos tiempos de individualismo, retracción social y violencia. Y cuando hablo de individualismo sumo el egoísmo, la frivolidad, el desprecio al otro con el fin de exaltar habilidades propias. Si la conducta narcisista ocupa el lugar del éxito, imponiéndose como modelo de preferencia social será imprescindible trabajar desde los pequeños grupos para ofrecer otro "modelo de vida". Es una responsabilidad de los padres que educan a sus hijos, de los educandos institucionales, de los medios de comunicación, de los gobiernos, etc. Es una tarea de abajo hacia arriba, de la matriz de aprendizaje que es la familia como núcleo de formación de subjetividades. Ahora bien, estos padres que educan necesitan imperiosamente revisar los conceptos y formas que van a trasmitir. Y no estoy cargando sobre los padres las culpas, me refiero en hacer el ejercicio de pensar (nos) en relación a lo trasmitido a los más pequeños. Y creo que estos momentos de tanta información externa, de virtualidades y realidades amenazantes, es imprescindible tener en cuenta que cada acción adulta trasmite y construye el mundo personal de nuestros hijos. Ya sabemos lo fácil que resulta darle la "play" o la "tablet" a un niño para que se olvide de lo que le pasa. Y mientras tanto también nosotros como padres olvidamos que "algo" pasa que no atendemos. ¿O no entendemos? Practicar la empatía, es valorar los sentimientos propios y del otro. Enaltecer el valor de conectarnos de corazón a corazón. Y quizá aliviemos en el futuro la ardua tarea de andar reparando las acciones que no fueron tamizadas por la reflexión.

El poder de los valores

Los valores y la excelencia humana
Por Silvia Pérez

"La espiritualidad es una profunda conexión con la vida, en todos sus niveles y manifestaciones; es una alabanza permanente al hecho mismo de estar vivos".
David Steindl–Rast

No creo haber sido consciente del poder que ejerce la práctica de los valores humanos durante mi niñez, ni mucho menos en mi juventud. Aunque ciertamente mamé algunos valores fundamentales como la rectitud, el valor de la familia, compartir, agradecer y esforzarme. La humildad y la sencillez venían de la mano de una vida de pobreza y de muchas carencias que transitaron mi mamá y mi papá, quien empezó a trabajar a los siete años haciendo changuitas. Pero el lenguaje del silencio y de no preguntar, brillaban en el día a día. El amor estaba tácito e implícito en el cuidado de una madre rígida y sobreprotectora, constantemente preocupada por la alimentación de sus tres hijas e imponiendo disciplina a cada paso. Mi padre destilaba amor por sus poros, aunque no lo expresara verbalmente ni en algún abrazo. Sus ojos destellaban amor, al igual que sus bromas y su sonrisa.

Esfuerzo, lucha, perseverancia, amor, unión fraternal y humildad fueron algunas de las semillas sembradas por mi familia desde el comienzo. Pero también hubo ausencias. Faltaron empatía, alegría, buena comunicación, verdad y otros valores que fui descubriendo cuando se abrió el camino hacia este destino único. Y hablo del destino ineludible que conduce a la excelencia humana, y que hace florecer lo que verdaderamente somos, llevándonos al autoconocimiento.

Luego de muchos viajes a India, donde entre tantísimas experiencias, conocí el programa de educación en Valores Humanos, diseñado especialmente para complementar el estudio académico, comenzó en mí una introspección más exhaustiva. Esto generó paulatinamente un cambio en mi personalidad, conforme me comentaban a mi alrededor.

Así que me remito nuevamente al término espiritualidad anclándolo en la práctica de los valores. Sé que desde allí parte una vida plena, floreciente y con más sentido común.

La historia comenzó así:

Cuando me transformé en una adulta, tuve más conciencia de la vida triste que le tocó a mi padre, al haberse enfermado cuando apenas tenía 40 años (un ACV que lo dejó inválido durante sus años más productivos) y comenzó a desvelarme la idea de brindarle algo de felicidad, algo que pudiera compensar la vida rutinaria e inactiva que llevó desde entonces. Solía preguntarle con frecuencia qué le gustaría hacer o qué le gustaría tener. Y él siempre respondía lo mismo: "Nada querida, nada… En serio…" Con el correr del tiempo, y ante mi insistencia cambió su respuesta: "Bueno, voy a pensarlo…".

Así fue como, inesperadamente, aquel domingo al mediodía, mientras le servía su cafecito después del almuerzo, mi padre dijo: "¿Viste que siempre me preguntás qué me gustaría? Bueno, ya lo sé". Wow, no podía más con mi expectativa. Continuó: "Me gustaría ir a India, ya que vas tan seguido, quiero ver qué es lo que te gusta tanto.".

"Buenísimo, pa", respondí. Decenas de pensamientos, sensaciones y emociones me habitaron en un instante. Mi papá solo había viajado en avión a Mar del Plata cuando era muy joven. Pero en ese momento rondaba los 80. Tenía que sacarle pasaporte, lidiar con el desacuerdo de mi madre, el temor de mis hermanas y el propio, confieso. Jamás esperé ese pedido de mi papá. Se mezclaban alegría, entusiasmo y responsabilidad. Pero finalmente haríamos algo que a él le entusiasmaba. Eso superó todo. Luego de un tiempo considerable, pude concretar y planificar uno de los viajes y experiencias más hermosas de mi vida. Partimos hacia India en un soleado día de invierno poco antes de mi cumpleaños, mi papá, mi hija July, Aldy, su gran amiga e hija que adopté en el corazón desde niña, y yo. ¡Un viaje familiar a India con mi papá! ¿Qué más podía pedir?

Fue maravilloso, divertido y agotador el larguísimo periplo hasta llegar al Ashram (comunidad) donde nos alojamos. Lo insólito, y la evidencia de la mano de Dios, se plasmaron al llegar, cuando me enteré de que en unos días se iniciaba el seminario intensivo de educación en Valores Humanos para

Padres y Familia. Nunca supe por qué insistí tanto en asistir. Fue casi sin pensarlo que luché para que me aceptaran. Así me ha sucedido con muchas cosas en mi vida. Actúo sin pensar, como si algo me impulsara. Y hoy sé que a eso se le llama intuición. Pues dado que el seminario se dictaba en el marco de la Conferencia Mundial de Educación, todos los asistentes debían ser educadores y comprometerse a difundirlo en sus países. Obviamente, no entraba dentro de los requisitos y no me querían incluir. Pero nuevamente el destino cambió el rumbo, ya que entre todas las preguntas que me hicieron, una me erigió en comunicadora social. ¿Profesión?: actriz. Esa fue la bendición que me dio la posibilidad de cambiar mi vida y descubrir, a partir de entonces, la importancia de los valores en la transformación de la humanidad. Pero primero hubo que transitar ese viaje inolvidable y experimentar en mi familia estas nuevas sensaciones y descubrimientos. Poner en práctica en el seno familiar y nada menos que en India fue una maravillosa y difícil experiencia.

El seminario fue dictado por Art Ong Jumsai, científico que supo trabajar para la NASA desarrollando el sistema de aterrizaje de la nave Viking II que llegó a Marte. Junto al doctor australiano Pal Dhal, diseñaron un programa de educación en valores para padres como complemento del programa de EVH (Educación en Valores Humanos) para niños que ya venían desarrollando y practicando en varias escuelas de diferentes países. El objetivo, claramente exponía la necesidad de embeber a los padres y a las familias de la importancia de la practica en valores, para que los niño al llegar a sus hogares encontraran coherencia con lo que experimentaban en las escuelas.

Acá la ciencia y la espiritualidad cumplieron sus roles demostrando que todo está unido. La espiritualidad NO ESTÁ SEPARADA DE LA VIDA. Es todo. Sin espiritualidad no existimos.

Hace un tiempo entrevisté a Swami Satyananda Saraswati en mi programa de Radio Nacional. Un maestro catalán, que dedica su vida a compartir los conocimientos adquiridos en India, donde vivió gran parte de su vida. Le pregunté, justamente, si creía que en algún momento podrá revertirse este concepto que hay en Occidente, acerca de que la espiritualidad está separada de lo cotidiano. Y aludió a la importancia de las diferentes culturas y concepciones de vida, desde los comienzos. En Oriente, desde que nacen, todos hablan y predican la bendición de la creación. Lo valiosos que somos como seres humanos, independientemente de la religión y los diferentes dioses que adoren, saben que la vida trasciende el cuerpo físico.

¿Cuándo se nos ha hablado de eso? ¿Quizá hoy, frente a tanto sufrimiento estamos comenzando a hacernos las verdaderas preguntas que encauzan este camino? ¿Para qué vivimos? Se supone que para ser felices, pero no está sucediendo. Y aquellos que nos tildan de complicar las cosas, y que todo es más fácil, yo los encuentros un poco rodeados de ignorancia. Porque ciertamente no hemos venido a la tierra para destruirla como estamos haciendo, ni para comer basura, ni para trabajar para tener poder, dinero y fama, sin importarnos que una parte del mundo muera decapitada en el siglo XXI, otros tratando de cruzar los mares para escapar de las guerras, muchos por desnutrición cuando la tierra es rica y la abundancia sobra. Así podríamos nombrar cientos o miles de ejemplos que nos acercan más a lo animal que a lo humano. Entiendo que también hay muchos profesionales, o personas comunes, que trabajan en silencio en busca de la verdad, para que se sepa y se actúe en consecuencia, o para los avances y progresos que estamos viviendo y para ayudar a los necesitados.

Y es por esto que surge EDUCARE, palabra cuyo significado tiene que ver con sacar de adentro hacia afuera. ¿Qué? La verdadera esencia del hombre, que le devuelve su naturaleza pacífica y feliz. Claro está que, mientras vivamos en este planeta, convivirán siempre los opuestos: la oscuridad y la luz, lo bueno, lo malo, la guerra y la no violencia... Entonces es el momento de discernir y poner en acción lo más conveniente, aunque haya que luchar con lo malo. Pero educare es complementar la tecnología, los avances, lo académico y la ciencia con la esencia humana. ¿Para qué sirven los conocimientos que adquirimos, si no nos conocemos y no ponemos en juego los valores que nos hacen humanos? ¿Al servicio de qué, y de quiénes brindamos el conocimiento adquirido?

Valores como la verdad, la acción correcta, la no violencia, la paz y el amor son los pilares que sostienen el conocimiento libresco, que transformarán la humanidad.

Esta educación que conduce al hombre al conocimiento de sí mismo, dicen que se fue perdiendo con el racionalismo del siglo XVII, en el cual se dejó de lado la idea del hombre como expresión potencial de la completitud del Universo. Esto se llevó también la idea de una visión humanista del hombre. Así es como la tradición cultural de Occidente rompió con la tradición de sabiduría que lo conectaba con la Antigüedad clásica grecolatina y con los sucesivos humanismos incorporados a nuestra tradición occidental. Desde el pensamiento cristiano, hasta la Edad Moderna.

Es por esto que estamos viviendo en medio de confusión y deshumanización, pues el hombre ha perdido las referencias sobre la realidad de su ser. Y es la Educación y solo ella quien puede devolver al hombre la coherencia y racionalidad necesarias para situarlo ante la comprensión de lo que en verdad es. Y solo se podrá lograr si se vuelve a la verdadera educación, que es la que se pregunta "¿quién soy yo?", "¿qué es el hombre?".

Solo cuando un hombre se conoce a sí mismo, puede decirse que es "educado". Como escribe Jorge Luis Borges en "Biografía de Tadeo Isidoro Cruz" en *El Aleph*: "Cualquier destino, por largo y complicado que sea, consta en realidad de un sólo momento: el momento en que el hombre sabe para siempre quién es".

Y volviendo a aquel viaje familiar a India, debo decirles que fue "la gran vivencia con mi papá y con mis hijitas". Todo se desorganizó cuando comencé a asistir al seminario, ya que no podía compartir algunos momentos como hacíamos habitualmente desde que habíamos llegado. Aunque estábamos juntos al atardecer y en las cenas, descansos, etc., había algunas quejas de mi July, pero las compensaron los muy hermosos momentos vividos. Por ejemplo, el día de mi cumpleaños, el mejor de mi vida, cenamos en un bar/restaurante afuera del Ashram, en el pueblo de Puttaparthi. Cargado de sonrisas, brindis con jugos y gaseosas, y una comida hindú bastante difícil de asimilar, terminamos soplando una vela incrustada en una tortita improvisada. Pura alegría y amor. Los días siguientes tuvieron algunos reclamos contenidos por la sabiduría innata de mi padre. Observé cómo mi impaciencia y enojo se transformaban en paciencia y contención, gracias a que pude empatizar. Supe sinceramente lo que es ponerte en los zapatos del otro. Entre todos hicimos de la estadía una de las experiencias más valiosas y enriquecedoras compartidas. Fue con ellos que di los primeros pasos en el despertar de esta devoción por los valores humanos.

En cada momento que soy consciente, compruebo que poniendo en práctica algún valor, la situación cambia; ya sea la mía o la del otro, y eso es muchísimo. Aunque no lo puedas creer, solo tenés que probarlo. Es científico. Pero hay que poder ser desde las entrañas amable, comprensivo, respetuoso, solidario... No valen posturas. Sos respetuoso o no lo sos. Porque si no lo sos en tu pensamiento, aunque te calles, en algún lado aparecerá.

No es fácil para mí, pues como ya dije, no he tenido una educación integral que me enseñara estos conocimientos. Pero seguramente muchos de nosotros hemos crecido con el incomparable amor de nuestros padres, y sabemos que ahí, en ese núcleo, se halla lo relevante del amor. Y quizá sea el amor genuino la base del resto.

Solo propongo con insistencia que miremos dentro de cada uno y descubramos nuestros defectos y virtudes, antes que estar criticando siempre a los demás. Y pongamos en práctica el discernimiento para elegir jugar con las mejores cartas que poseemos, que no tenemos que ir a buscar a ningún lado más que en el interior del ser. Pongamos en práctica lo que hace bien. No sabemos cuánto contribuirá al cambio, pero sí sabemos que estaremos sembrando una semilla de bienestar. Y eso es mucho.

Dañar a alguien es dañar a la humanidad. Y seguramente todo lo que Walter y yo decimos en este libro es conocido por gran parte de ustedes, queridos lectores. Pero les proponemos un tiempo de reflexión, recordándoles muchos recursos y conceptos para quienes quieran y decidan buscarse a sí mismos para transitar este camino de manera más feliz.

Existencia y espiritualidad
Por Silvia Pérez

Si bien afirmo que espiritualidad es todo, para aquellos que no lo creen, la vida se encarga inexorablemente de demostrarlo cuando alguna situación dolorosa, una crisis, enfermedad o quizá también algo tan bello y sublime como la salida del sol, nos despierta la pregunta: ¿Quién soy? ¿Qué hago acá? O simplemente cuando descubrimos la maravilla de la existencia observando a un bebé, o un arco iris atravesando un cielo celeste... Siempre hubo algo que nos hizo alzar la mirada al cielo preguntándonos en silencio si existe un Dios, o algo, alguien, un Creador. Ahí la palabra "espiritualidad" resuena de otra manera.

El espíritu es la fuerza latente que anima toda existencia. Sin espíritu, nada existiría. La creación no es solo materia. Si fuéramos solo el cuerpo, qué pasaría con los sentimientos, con las sensaciones inigualables que despiertan el amor, y que no se pueden describir con palabras. Nadie sabe contar qué es "el amor", aunque quizá sea la poesía la que más califica en este tema. El AMOR es TODO. Nadie puede vivir sin él. Eso es la espiritualidad amigos. Amor por la humanidad, la tierra, la vida.

Crecer con la crisis

Me tocó concientizar la unión de la espiritualidad con lo mundano a través de una situación muy dolorosa. Una muerte fatal, impensada e increíble. No quiere decir que hasta entonces no me hiciera algunas preguntas, sobre todo cuando tenía 9 años que buscaba a Dios en los vértices del techo y de los zócalos de mi habitación. Rara idea acerca del lugar donde mora Dios, pero los niños somos así de creativos. Siempre me acuerdo cuando le dispararon a J. F. Kennedy. Yo era tan pequeña y estaba tan angustiada. En el seno de mi familia se profesaba el judaísmo, aunque más tarde supimos con mis hermanas que mi madre era católica. Esa noche, cuando mi papá me vino a saludar con el beso de las buenas noches, antes de que cerrara la puerta de la habitación, le pregunté: "Pa, ¿podemos pedir por Kennedy aunque no sea judío?". Mi padre respondió de inmediato: "Claro, es un ser humano. ¡Pedí!".

A lo largo de mi vida, Dios siempre tuvo un lugar implícito, pero debo confesar que siempre estaba más cerca en las dificultades que en lo cotidiano. Y la eterna distracción del trabajo y las ocupaciones mundanas me separaban de Su presencia continua constante. Y entonces llegó el día en que caí en picada cuando el cómico más idolatrado y amado de la Argentina, de quien fui *partenaire*, cayó del piso 11 de un edificio en Mar del Plata, donde hacíamos temporada teatral. Así dejó esta vida Alberto Olmedo, El Negro. ¿Triste? ¿Doloroso? Mucho más que eso. El fin de un comienzo que aún no podía vislumbrar. Esa desgracia fue el primer escalón hacia el verdadero recorrido de mi camino.

Un renacer que costó mucho, pues debía sepultar muchos hábitos nocivos y equivocados. Desaprender.

Compañero de teatro, cine y televisión. Amigo, familia. Sí, parte de una familia que conformábamos un gran grupo que él mismo supo mantener unido, más que cualquier familia sanguínea. Una relación muy cercana nos unía, como también la profesión que nos mantenía casi las 24 horas del día juntos. Filmábamos una película ese verano, que él no pudo ver, y hacíamos teatro todas las noches. Durante el año también hacíamos funciones de teatro cada noche y durante el día grabábamos los programas de televisión.

Así que, de un día para otro el mundo paró, y me bajé. Y allí mismo quedó esa parte mía: la de una mujer que había fabricado para satisfacer a muchos y muchas con una demanda tan grande que no tenía conciencia. Comenzaron a levantarse los velos lentamente, como si el viento los desplegara y los elevara hasta perderse como un pájaro que levanta vuelo.

La verdad enterrada por años quedó al descubierto. Quién sabe si, de no haber sido por esta situación, estaría aun sumergida en la miseria humana de vivir una vida al servicio de los mecanismos de la mente y del ego.

¿Y quién soy? ¿Y ahora qué hago? ¡Y, Dios mío! ¿Cómo me dejaste esta sensación de tristeza, como si sus ganas de no vivir me hubieran sido transferidas? Pero inmediatamente apareció la palabra "Dios". Al menos lo nombré. Y de nuevo a buscarlo, a preguntarle, a pedirle explicaciones. Y digo Dios por llamar de alguna manera a "eso" o "ese" que crea todo. Quizá sea "Amor", pero estaba acostumbrada a decir Dios casi sin pensar tanto en él. Hoy sé que no importa cómo se llame o invoque a esa energía que me creó y crea la vida continuamente

Pasó un tiempo y, aunque la tristeza persistía, de a poco y sin darme cuenta se fue abriendo un camino. Empecé a despertar de mi propia muerte. Por eso a veces hay que dejar morir algo para renacer. Y así es. Comencé a observar a la gente, a las cosas y, de a poco, a mí. En cada uno de los que posaba mi vista me preguntaba si serían felices, si estarían contentos con lo que eran, con lo que hacían. Ser linda, reconocida o tener trabajo ya no tenía importancia. De hecho no quería trabajar. No hablé con nadie de lo que sentía. Me pasó algo mucho más profundo y trascendente que la muerte de un ser querido. Me pasaba la vida por delante.

PARTE 2

LA MIRADA INQUIETA

La mirada inquieta

Por Walter Ghedin

Con solo observar unos minutos a un niño nos daremos cuenta de la hermosa inquietud que presenta; es más, los padres comentan cuando el hijo es "tranquilo" porque sale de la conducta esperada. Los pequeños son una muestra de cómo la fuerza interna dirige las acciones con el fin de conocer el mundo, de explorarlo, de convertir cada cosa que ocurre en su pequeño mundo de conocimiento. Y nos llama la atención cómo fijan en su memoria cada hecho que sucede a su alrededor. Lo que no vemos (ni sabemos) es que junto a todas esas experiencias resultantes de la curiosidad y el recuerdo de las mismas, también existen otras que quedan fuera del campo de la conciencia, que no se recuerdan, pero que ejercen su función desde lo más recóndito del inconsciente. Por lo tanto, no todo lo que el niño percibe o siente queda comprendido en el campo consciente; existirán hechos que quedarán por fuera de su territorio. El gran descubrimiento del psicoanálisis es el inconsciente (que además es avalado por otras teorías) es decir, un espacio mental donde se guardan experiencias (imágenes, creencias, emociones, pulsiones) con diferentes grados de accesibilidad a la conciencia. Seguramente en la vida adulta nos ha pasado que en forma súbita se nos viene un recuerdo de la infancia, o de pronto soñamos con algo que sucedió en el pasado (o en el presente), o mientras "atamos cabos" van apareciendo en la memoria los sucesos que ayudan a llenar los baches amnésicos u olvidos. A medida que crecemos esa memoria con pocos datos en un inicio se rellena de huellas (denominadas huellas mnémicas), para que, junto con lo que se percibe en el momento, den forma al psiquismo, instancia fundamental en la vida de toda persona. La "pulsión de vida" orienta el organismo al crecimiento físico y al desarrollo de sus capacidades innatas, no hay dirección hacia atrás, el organismo vivo se orienta "hacia adelante", su modo es la actualización constante de sus funciones (fisiológicas, psicológicas, de superación personal, de autorealización, etc.). Carl Rogers, teórico y fundador de la psicología humanista llama Tendencia Actualizante a esta capacidad propia de los seres vivos de crecer, desarrollarse y de buscar el orden interno, ya sea en la salud como en la enfermedad. Porque hasta la enfermedad es una lucha interna entre fuerzas que tienden a desorganizar el medio interno y aquellas que tienden a volverlo al orden anterior. Y en esta lucha hay ganancias y pérdidas, como en todos los órdenes de la vida.

La mirada inquieta es curiosa; busca, aprende, se equivoca, logra, se frustra, se anima y desanima. Y muchas veces, sin saberlo, mueve nuestras aspiraciones sin darnos cuenta de lo que hemos logrado. La vorágine de la vida no nos permite concentrarnos en lo que hacemos para crecer día a día ¡Y son tantas las veces que tenemos la impresión de que las cosas no se dan como las planeamos que llevan al enojo y nos llenamos de reproches! Sin embargo, si evaluamos detenidamente el camino que habíamos elegido algo podemos rescatar. La verdad asoma en la valoración del camino transitado y no en la meta propuesta. La idea de meta como logro, expresión del buen uso de las capacidades asertivas es una creencia que asienta en los mecanismos sociales que nos atraviesan. Además la valoración del resultado está sujeto a la regla del "todo o nada", del "lo hice bien o lo hice mal", "fue un éxito o un fracaso". Las emociones oscilan entre estos extremos y así se aprende sobre la base de este razonamiento dicotómico ¿Dónde ha quedado la inquietud de ese niño que gatea, que corre, que disimula que "no hace nada" mientras sus dedos prueban lo prohibido? ¿Y, cuando los adultos decimos que tal o cual acto nos "da adrenalina", no estaremos sintiendo algo de ese "temblor" infantil? Seguramente sí, esa necesidad de meternos en el mundo, de querer saber de él, de escudriñar tras lo oculto o lo imprevisible seguirá siendo por siempre un motor inquietante del deseo.

Vivimos en sociedades que exigen definiciones, traducidas en seguridad, orden y previsibilidad de conductas. La respuesta medida, esperable, genera alivio. Esa inquietud que impera sobre la energía del deseo merece ser aplacada con fines de mantener seres que, en promedio, cumplan con las normativas impuestas. Parafraseando a George Orwell hay que frenar la "rebelión en la granja" domesticando los cuerpos y las mentes de sus integrantes. Sin embargo, mucho o poco de ese orden instituido, tiende a rebelarse, a veces será un movimiento silencioso, en otros casos adquirirá relevancia pública. Si pensamos en las bases que sirven de plataforma para la organización de la vida social seguramente pensaremos en el amor, el estudio, el trabajo, la familia, los amigos (el orden es puramente azaroso). Para cada uno de estos asientos fundantes de organización social existen parámetros o lineamientos que, a modo de estatutos, rigen los deseos y los comportamientos. No obstante, cada uno de estos movimientos internos que tienden al desarrollo de las capacidades innatas será interpelado por la permisividad, o la inhibición, según la filosofía de vida construida. En algunas o en muchas circunstancias estamos convencidos de que llevamos adelante las aspiraciones que planeamos, siguiendo un orden mental preconcebido, como si cada una de ellas fuera un departamento estanco, que hay que habitar, mudar y volver a habitar. Si esa mirada inquieta es expresión concreta que se manifiesta en los pensamientos, en los afectos, en la conducta, estará presente esperando actuar, en la superficie o en la profundidad. A veces, la misma nos susurrará al oído, otras veces será un grito que alerta que algo anda mal, y que es preciso provocar un "golpe de timón" en algún aspecto de nuestra vida.

Cada toma de decisiones nos lleva a pensar, a evaluar alternativas, a preocuparnos por las consecuencias, anticiparnos a los hechos, etc. La "mente" se convierte en una secuencia de ideas, de "dimes y diretes", de imágenes que nos ubican en el mejor o en el peor escenario. Existe una tendencia innata que nos lleva a la supervivencia, pero no es solo la vida la que se pone en juego, en otros casos, es la organización psíquica la que se intenta preservar. En este intento de mantener el orden subjetivo caemos en situaciones que significan un alto costo. La economía interna es conservadora, no arriesga; arriesgan los niños porque los mueve la curiosidad y el asombro. Los adultos tenemos miedo a innovar, a desorganizar, a transgredir la estructura interna. Si conseguimos un trabajo y este nos desagrada, seguramente planear un cambio suele requerir años de desgaste; o una relación de pareja complicada, mediada siempre por la resignación y el dolor; estos son apenas dos ejemplos de cómo se puede sostener un orden aunque este conlleve sufrimiento. Sin embargo, esa mirada inquieta que subyace, será testigo de un compromiso con uno mismo que está siendo postergado. Es tan frecuente hoy en día escuchar "hacete cargo" que remite a "cada uno es responsable de sus actos". Y estas frases cotidianas nos hablan de una contrariedad real: "no nos tenemos en cuenta", nos perdemos en medio del problema sin saber que somos parte de él, y de que algo tenemos que hacer, aunque se sea doloroso, o rompa con todo esquema previsible.

Como psicoterapeuta me encuentro a diario con situaciones de "bloqueo" de esta fuerza interna de crecimiento y desarrollo. En realidad no es "bloqueo" en el sentido estricto de la palabra, es repetir una dirección, que en pos de buscar la salud, encuentra siempre la enfermedad. En los desórdenes mentales la fuerza interna no promueve el desarrollo de las capacidades esenciales, las ubica del lado oscuro de la frontera, con el ideal de llegar al otro lado luminoso. En la mayoría de los trastornos mentales (las denominadas neurosis) las personas habitan un territorio cerrado, asfixiante; sin embargo, no pierden la conciencia de sí: saben de sus dolores y sufren por ellos. En las neurosis hay una parte que ruega: "¡hace algo, vos no querías esto, vos no sos así!". Es notable y reconfortante ver cuando estas mismas personas, antes sufrientes, se reencuentran con sus propias imágenes, aquellas que habían quedado tapadas por capas de malestar. Pero existen otros casos más severos. La crisis puede convertirse en un motor que mueve la existencia: discusiones, demandas constantes, reproches, autocastigo, violencia, posesión del otro, desconfianza, miedos, victimización, dominación, etc. Son muchas las formas de "hacerse mal" y de creer que esa es la forma de vivir. Llegar a sentir placer, bienestar, tranquilidad, respeto por uno mismo, son estados incomprensibles desde esa perspectiva personal.

Se denomina "marco de referencia" al sentido que le damos a lo percibido según la educación, los valores, las creencias que hemos incorporado, y aquellas que hemos gestado según el propio criterio. Este "marco de referencia" es determinante para la lectura que hacemos de cada instante. Cuando el problema hace presa a la persona, se incorpora al mundo propio, y todo el relato vital quedará centrado en el dolor. La mirada inquieta perderá entonces la frescura, la espontaneidad, convirtiéndose en un "ojo avizor" que capta solo estímulos amenazantes.

Las ambivalencias personales

Por Walter Ghedin

Las capacidades innatas y las adquiridas a lo largo de la vida necesitan de una fuerza interna, especie de impulso vital que lleva al organismo a la lucha por la supervivencia y la superación personal. Como estas fuerzas operan en distintos órdenes (biológico, psicológico, espiritual) cada una de estas piezas estarán activas desde el mismo momento de la concepción. En el aspecto psicológico, la construcción de la personalidad dependerá de la interacción simultánea entre estas diferentes partes constitutivas. Así como la dirección del instinto y las pulsiones nos mueven hacia el entorno buscando cobertura a las necesidades básicas, luego será función del deseo elevarlas a la categoría humana, con la finalidad de poder elegir y sostener lo que deseamos. Sin embargo, esta fuerza del deseo no solo busca ser compensada y enriquecida por el entorno, también precisa despertar los recursos personales. En esta interacción entre lo propio y lo ajeno, el adentro y el afuera, lo interno y externo, el Yo levanta su realidad, su mundo propio. La subjetividad, entonces, es el resultado de la fuerza vital que nos orienta a buscar en el medio y en uno mismo el capital de opciones para dar respuesta a cualquier situación que se nos presente. Al fin y al cabo, la personalidad es un complejo mecanismo que constantemente elabora opciones para enfrentar los hechos de la vida, desde los más simples a los más complejos. Este tipo de respuestas puede ser consciente o inconsciente: ¿Cuántas veces durante el día pensamos en cómo resolver tal o cuál situación, y otras veces las resolvemos por hábito o por mera costumbre? Nuestra mente siempre está activa tratando de que en cada momento del día estemos preparados para encarar infinidad de situaciones, desde "qué voy a desayunar" hasta "cómo organizo el día de hoy". Muchas veces estas decisiones cotidianas conllevan algún riesgo, por lo novedoso, entonces el psiquismo rápidamente pondrá en la imaginación los pro y los contras; o bien nos dará el impulso para hacerlo sin someterlo al control; no obstante, aunque conscientemente pensemos que estamos arrojándonos a una "pileta sin saber si tiene agua o no", en el inconsciente existirá algún grado de observación de la conducta para que el daño, en caso de existir, no sea grave.

No existe ningún hecho que no nos comprometa. Aun aquella conducta altruista o solidaria tiene una repercusión interna, por ejemplo: el bienestar. La indiferencia no existe para el Yo porque la búsqueda de recompensas es permanente. Y así como existen las ganancias también existen las pérdidas. El Yo se vale de las experiencias de la vida para enriquecerse, siempre bajo la interacción de la cultura. No somos más que el producto de esta interacción. Y es quizá en este siglo XXI donde el Yo tiene que lidiar con tanto influjo externo que poco queda para meter el bocado de lo propio. Se denomina ambivalencia a la presencia simultánea de fuerzas que operan en dos direcciones. En algunos casos, estas direcciones son extremos opuestos, como por ejemplo: amor/odio; en otros casos se mueven hacia dos lados diferentes para lograr la unidad funcional. Me refiero a que el organismo humano se moviliza hacia el entorno y hacia sí mismo con la finalidad de que cada una de estas experiencias nutra al psiquismo. Si pensamos por ejemplo, en el hambre: no solo es la privación de alimento, también es una sensación desagradable a nivel psíquico, lo cual genera una conducta de búsqueda de alimento. La ambivalencia entre el Sí Mismo y los Otros es una de las capacidades que nos convierte en sujetos sociales. El contacto con los demás transforma al sujeto en un ser gregario y activa las distintas direcciones de la sociabilidad, ejemplos: la familia, amigos, pareja, compañeros de trabajo, etc. Un niño que se sociabiliza entra en contacto con otros, pero además de dicha interacción, surgen los aportes para su Yo Personal. Los adultos hemos internalizado esta dinámica que nos orienta hacia afuera y adentro con una simultaneidad sorprendente. Como es una acción totalmente inconsciente, vamos por la vida siendo, y solo en algunos momentos (cada vez menos), nos ponemos a pensar qué nos pasa y por qué. Tomemos como ejemplo una crisis amorosa. Seguramente la angustia o la bronca no nos permite entender qué pasó, solo pensamos en el hecho como una secuencia de datos que arman una historia. Quizá cuando nos tranquilizamos o dejamos que el tiempo "calme las aguas" podemos reflexionar sobre lo ocurrido. En el mejor de los casos, la ambivalencia afectiva nos hará sentir emociones encontradas (amor/odio) y luego, cuando vayan bajando de intensidad, el pensamiento dará cuenta de lo sucedido y de las responsabilidades a asumir. Y aunque sea el otro, y solo el otro, la causa fundamental de la crisis, siempre tendremos algo que aprender. Si volvemos al ejemplo anterior, y en el peor de los casos, alejamos la experiencia de nuestro Yo, haciendo un esfuerzo enorme en no implicarnos, como si fuera algo repulsivo de lo que hay que alejarse, solo habré aprehendido a usar defensas, dejando de lado el aprendizaje que servirá para evaluar futuras situaciones parecidas. Muchas de las conductas dañinas que se reiteran resultan de no haber aprehendido de estas experiencias pasadas. En estos casos, la dirección de la fuerza interna se posa en el otro y lo embiste de una suma de características que, en caso de existir, estarán amplificadas por el aprendizaje negado. El Yo se resiste a aprender cuando, o pone todo en el afuera, o por el contrario, en uno mismo. Cuando la dinámica de la personalidad está a merced del afuera la conducta resultante es la dependencia: todo debe provenir del otro. Es la conducta dependiente la muestra cabal de cómo se subordinan las capacidades propias para dejar que el otro haga y deshaga. La dependencia es necesaria en los primeros años de vida, ya que no podemos valernos por nosotros mismos y un adulto debe hacerse responsable de nuestro cuidado, pero a medida que crecemos el conocimiento que hemos incorporado nos debe permitir esta alternancia necesaria entre la dependencia y la independencia. En el extremo opuesto a la conducta dependiente encontramos a sujetos que solo se valen por sí mismos, sin necesitar de los demás, son personalidades independientes, que encuentran su máxima expresión en los sujetos narcisistas, caracterizados por su egoísmo y la carencia de empatía.

La ambivalencia forma parte de nuestra vida. Nadie tiene todo tan seguro como para decir desde el vamos. "¡Esto es lo que quiero!". Tanta convicción parece salida de una película americana que estimula a sus ciudadanos a no tener dudas e ir para adelante. No obstante, la duda, las inseguridades, la reflexión necesaria antes de tomar cualquier decisión, son condiciones esperadas. La típica pregunta "¿confío en mí o en lo que me dicen los demás?" aparece en el pensamiento de todos. Y los demás pueden ser personas, ideas que he internalizado, o ese acicate interno que muchas veces toma la forma de "abogado del diablo". Sin duda que tenemos que confiar en el criterio propio, pero cuando aparecen las dudas o las contradicciones hay que darles algún lugar, no para que inhiban la conducta a seguir, sino para tener más en claro lo que se quiere abordar. Creo que hay que "amigarse" con las dudas, los miedos y las contradicciones, no pelear con ellas como si fueran enemigos que quieren boicotear el deseo. Hay que tenerlas al lado y escuchar su murmullo.

Mundo interno y mundo externo

Por Walter Ghedin

Cuántas veces nos habremos identificado con los comportamientos y las formas de ver y pensar la vida de nuestros padres, hermanos, y personas cercanas llevándonos a pensar en los modelos externos que nos construyen como sujetos. Cuántas veces el enojo nos hace presa al descubrir que no queremos parecernos, o por el contrario, agradecemos la influencia del afuera. Más allá de los reproches o de la gratitud, no podemos prescindir de la influencia externa. Ésta nos configura junto al aporte de lo propio, lo que viene con nosotros desde el nacimiento. Natura y Nurtura, congénito y adquirido, predisposiciones internas y disposiciones externas, no son antípodas que conviven alejadas una de la otra, por el contrario, se conjugan y se imbrican, se alejan y se distancian siempre unidas por el mismo lazo de la subjetividad. Sin embargo, el mundo externo que es fundamental para la supervivencia en los primeros años, luego se asimila y se hace propio. Cuando pensamos, sentimos y damos significado a la vida lo hacemos desde esa fusión. La subjetividad es la identidad en el sentido más profundo y amplio de la palabra, ya que todos los estímulos que ingresan por el sensorio más las sensaciones que provienen del cuerpo atraviesan esta instancia cobrando sentido de lo propio. Es en los primeros años de nuestra vida el momento en el cual se produce esta interacción. Y así como el niño o la niña necesita imperiosamente de ese medio para la subsistencia, la contención afectiva y la educación, los adultos también precisamos de su presencia, solo que podemos dosificar su accionar cuando nos abruma, no nos convence, nos hace mal; o bien, permitir su ingreso cuando se hace necesaria su intervención. Ahora bien, no siempre tenemos conciencia del influjo del entorno; sin saberlo vamos cediendo a su poder sin tener demasiada intervención. Los cambios sociales, culturales, tecnológicos, van moldeando nuestros modos de relación con el mundo. Es en este campo de interacción, en el cual lo externo tiene tanta dimensión, cuando más debemos estar atentos a si condice, o no, con lo que deseamos. Es posible que los deseos se pierdan en esta maraña de información cotidiana, exaltando imágenes falsas (de éxito, poder, belleza, gratificaciones inmediatas) que nada tienen que ver con la esencia original. Ante esta realidad tan frecuente y contundente, ¿hay que esperar a la madurez para reflexionar sobre lo ganado y lo perdido? Y muchas veces, tampoco la madurez se convierte en garantía de superación personal. No creo que exista una edad para volver a uno mismo y reflexionar si lo que hacemos está de acuerdo con lo deseado. También existen etapas en la vida en las que estamos más abiertos a las experiencias externas y tratamos de ser fieles a las determinaciones del grupo. No obstante, aun con esta tendencia a homogeneizar las conductas, estará presente en nosotros poner un límite a una exposición no deseada. Es muy frecuente en los adolescentes, pero la vida adulta está plagada de comportamientos que se hacen "porque todos lo hacen". Y además, si esa persona decide ser congruente con sus deseos es tildada de egoísta, de "cortarse sola". Aquellos que defienden una conducta común en la comunidad no aceptan transgresiones ni cambios en su rebaño. Vivimos en sociedades programadas para que sus actos sean afines a las convenciones que ellas mismas dictaminan. La fuerza adolescente es tan lábil que esa rebeldía necesaria tiende a sucumbir luego, al llegar la vida adulta. Es tan fuerte e imperioso el estímulo social externo que esta etapa revulsiva queda sepultada y alineada bajo los dictámenes de las generales de la ley. Trabajo, competitividad laboral, pareja, hijos, casa, cumplir con los padres, con los suegros, son algunas de las falsas ventajas que tiene la vida adulta. Y digo falsas porque la mayoría de las veces no son elegidas, son impuestas por el "deber hacer". No cuestiono a quien elige a conciencia, cuestiono al que nunca se cuestiona, al que asimila las normas sin preguntarse nunca nada.

Los moldes del afuera

Por Silvia Pérez

Qué tema tan "grosso" este del mundo interno y del externo. Ese mundo interno que, a veces –y solo a veces– compartimos con un gran amigo, tal vez con la pareja, pero la mayoría de las veces con nadie. Ese mundo interno que nos habla como una voz lejana que se puede evitar o hasta no escuchar. Hasta que en algunos momentos grita porque no puede más.

Ese mundo interno que convive con el externo, tratando de alinearse con él, de satisfacerlo, de contenerlo, de crear un puente que los pueda llevar de un lado al otro una y otra vez, siendo que en un extremo está la demanda y la vida externa y en la otra punta "nosotros". Nosotros y los miedos. Ese miedo oculto a ser uno mismo. Más inclinado hoy en día al lado del exterior, donde las propuestas abrumadoras y constantes que garantizan felicidad, nos alejan de la brújula interna que nos guiará siempre hacia la verdad. Esa verdad que cuenta lo que querés, necesitás y te gusta más allá de lo que proponen otros. Esa verdad que nos identifica con "ser uno mismo". Ser distintos. ¡Y sí! "Soy distinto, ¿y qué?". ¡Cuántos quisieran gritar eso!

Lo cierto es que, empezando por los niños, que hoy reciben una educación automatizada y nacen con los aparatos electrónicos como primera forma de comunicación, hasta los adultos que se dedican arduamente a integrarse a ese submundo que se les apareció ante sus ojos, vivimos sumergidos en lo externo y haciendo sufrir a ese ser interno quitándole sus necesidades de expresión y de acción. No hace falta enumerar la cantidad de exigencias que les imponen a los niños, cargándolos con actividades extra curriculares, al tiempo que los adultos hacen lo mismo. Y nada de "encuentros", de contacto corazón a corazón, de mirarse a los ojos, de un diálogo sobre la nada misma… Todo a través de los aparatos. Y así también nos volvemos aparatos sin rumbo elegido, cumpliendo los programas establecidos, hasta que tarde o temprano nos descomponemos. El cuerpo se enferma y ahí, al menos, nos ponemos en contacto con nosotros, con ese interior que se da cuenta de las ganas que tiene de que alguien lo mire, lo cuide, atienda, sonría.

Mi historia de vida marcó mucho ambos mundos. Y no solo a través del personaje que se creó cuando nació Silvia Pérez, la modelo y artista, sino desde el seno del hogar donde difícilmente se manifestaban los deseos verdaderos. Hasta que un día, me di cuenta que lo que más quería era trabajar como actriz y luché por ello. Imaginen lo que significó dejar de estudiar las carreras de traductora de inglés y la de arquitectura para trabajar como modelo. Todo presagiaba que las artistas eran putas y las profesionales académicas eran bien consideradas. Ya comenzaba mi batalla interna para demostrar que podía ser buena gente y actriz al mismo tiempo. Así se fue creando Silvia Pérez, "un personaje" con un montón de características que muchos de ustedes conocerán, pero con muchas otras que nadie más que mis íntimos conocen, y con algunas que solo yo, y tantas quizá que ni siquiera yo misma aún descubro.

Y así es. Un trabajo diario muy recomendable es detectar lo que convive ahí dentro en nuestro corazón, y darle lugar. Lugar para que sea, o para dejarlo ir, si molesta. Pero reconocernos ahí dentro en lo más íntimo y profundo. Y darle lugar por más que nos digan cómo vestirnos, cómo actuar, adónde ir, qué usar, qué nos conviene, qué shampú es el mejor, qué gimnasia hacer: ¡¡No!! Cada uno de nosotros es el "protagonista" de nuestra vida. No te dejes correr y ser co–protagonista de tu propia vida

Y no hay una fórmula para esto. Podría decirte: estár atentos y no escondas el malestar. No corras atrás de lo que se "debe", de lo que es estar en "onda", no pretendas ser perfecto, no envejecer, creer que te vas a llevar algo a la tumba. Darte cuenta de que tenés la oportunidad de ser y hacer lo que quieras. No importa que haya que trabajar y luchar en este tiempo difícil que nos ha tocado. Siempre hay lugar para "ser".

¿Soy lo que quiero ser?

Por Walter Ghedin

Existen modelos culturales rígidos en diferentes culturas. Quizá la occidental judeocristiana parezca la más "abierta" y tolerante. No obstante, bajo la apariencia de permisividad se esconden líneas arcaicas de pensamiento. La sexualidad es una muestra de ello: lo que aparece en el afuera con tanta apertura y hasta osadía no sucede en el adentro del cuarto propio. Las personas siguen teniendo las mismas dificultades de siempre, y me atrevo a afirmar que aún más. La presión de la visibilidad sexual puede provocar el efecto contrario: "cómo hago para tener esa libertad que los medios muestran cuando ni siquiera puedo desvestirme frente al hombre que amo" o "cómo puedo satisfacer a una mujer si no tengo un cuerpo ni una potencia como muestran las películas porno". Si el modelo sexual impuesto es cuestionado por el feminismo y los colectivos LGTBIQ, es para beneficio de todos y no solo de estos movimientos sociales. El modelo heteronormativo debe asimismo dar cuenta de cómo las normas imperantes influyen sobre el devenir de sus vidas. Y no me refiero solo a la sexualidad como orientación, sino a todo el conjunto de acciones que van adjuntas: roles sexuales estereotipados, maternidad en pareja, cuerpo sujeto a normas religiosas, sanción a lo diferente y diverso, concepto de "normalidad" y "anormalidad" como modelo moral y estadístico, por nombrar algunas condiciones marcadas a fuego. Y así como la estereotipia cultural modela los cuerpos desde niños, también lo hará con las otras dimensiones del quehacer humano. Nada queda librado al azar: la imprecisión no está bien vista.

Si es en la función sexual donde observamos claramente la influencia de los modelos externos, no podemos dejar al margen de la misma la imagen del cuerpo, el ideal de pareja, el matrimonio y las leyes que regulan el intercambio de roles en la sociedad y dentro del seno de la unión vincular.

A pesar de la obediencia inconsciente, seguramente podemos reconocer que hay una parte de nosotros que nos invita a pensar qué estamos haciendo y si lo que hacemos nos satisface. Los trabajos estimulan a las personas a "ponerse la camiseta" y a perseguir objetivos con la promesa de un ascenso o de un aumento de sueldo, así como la actualización de conocimientos obliga a los profesionales a estar a la altura de sus pares para ser competitivos. Cubrir las exigencias y dar respuesta a las responsabilidades asumidas ocupa gran parte del tiempo. El tiempo libre, los feriados largos, o las vacaciones (cada vez más cortas) son luces que iluminan una meta casi inalcanzable y cuando llegan, no se disfrutan como se espera. El humor también se está perdiendo entre tanta ansiedad e incertidumbre. También se pierde la imaginación ante el avance de la tecnología digital, lo cual induce a recibir cada vez más estímulos, reduciendo la capacidad interna de regularlos. Los sueños actuales son metas obligadas con el fin de pertenecer a un sistema que ofrece el "tú puedes", como una zanahoria inalcanzable. Sin embargo, ese "tú puedes" es engañoso, debería decir "tú puedes, si cedes lo mejor de ti mismo". A lo largo de nuestra vida vamos dejando de lado, cediendo capacidades intrínsecas, que merecen ser tenidas en cuenta para que nos ayuden a vivir mejor. El niño que fuimos queda sepultado por capas de responsabilidades, estrés, indiferencia por el otro, egoísmo, y por si fuera poco, una ansiedad desmedida por cumplir, por no quedar afuera de una sociedad homogeneizada. La inocencia, la confianza, la contemplación, el disfrute, la alternancia de opciones, la capacidad de elegir, los valores, la ética, el respeto la propia vida y la ajena, etc. quedan entrampados tras una coraza de suspicacia. La apariencia y la hipocresía son tan poderosas que se naturalizan como formas de ser perfectamente aceptadas. El fiel de la balanza orienta su flecha para el lugar equivocado.

Intentar un cambio en la propia vida es un acto íntimo, privado, profundo. No me refiero a una modificación de conductas que generalmente tiene corta duración, me refiero a un cambio verdadero que comprometa aspectos nucleares de la personalidad. Y digo que es un acto privado porque cada uno de nosotros sabe de ese lugar oscuro, ocupado por culpas, impulsos, feos recuerdos; así como del otro lado, aparecen, casi con pudor, las ganas de cambiar, el ideal de estar mejor.

Si bien las crisis son oportunidades de cambio, hay que estar preparados para darnos cuenta. No todas las personas que atraviesan situaciones difíciles están preparadas para rescatar la enseñanza que nos propinan. El ejercicio de volver a nosotros mismos es una especie de "egoísmo sano" para darnos cuenta de qué nos pasa y cómo podemos encauzar las experiencias vitales, sin embargo, este "insight" no sucede de un día para el otro ni es una decisión imperativa como decir: "a partir de hoy comienzo una dieta". Sin duda, algún camino hay que plantearse; pero ahondar en las profundidades del ser no es un mero ejercicio de imposición. Lo que comienza como "una orden interna" debe dar paso a los influjos del deseo. El deseo está inscrito en la misma personalidad y cada vez que le damos curso y lo satisfacemos nos regala el bienestar de estar en lo cierto. Los pensamientos y el ego, movidos por la ambición y los requerimientos sociales, raramente nos permiten dirigir la atención hacia otros lugares más apacibles. El ego precisa respuestas inmediatas: la ansiedad lo azuza; no hay nada de lo bello de la vida que lo conmueva y lo invite a suspender la acción y contemplar. Para la avidez del ego, no existen tiempos vacíos, ni aceptará nada que lo distraiga de su propósito. El ego no es el Yo, es el aspecto falso del mismo, condicionado por intereses externos más que internos. El ego nos hacer creer que aquello que pensamos y deseamos es la verdad de nosotros, es una poderosa apariencia que encubre las verdaderas intenciones. La ansiedad es su motor, no el deseo. Pensamos que deseamos cuando en realidad estamos ansiosos por llegar a la meta. Insatisfacción, ansiedad y objetivo o meta son la tríada que lo identifica.

Insatisfacción

"Nada nos viene bien", cuando no lo tenemos, queremos tenerlo, y cuando lo tenemos no nos convence. La insatisfacción gana terreno en la neurosis de nuestro tiempo. Si bien ya el maestro Freud se refería a la insatisfacción como un aspecto característico a las personalidades neuróticas, en el nuevo siglo se exacerba su poder. Con solo pensar que la rotación de objetos de consumo es un imperativo para estar a la altura de los cambios, nos daremos cuenta de que todo funciona de forma semejante. Tiempos Líquidos, en el decir del filósofo y sociólogo Zygmunt Bauman. Los vínculos intensos de la infancia se convierten en encuentros esporádicos o en miles de contactos virtuales. El hablar "cara a cara", hoy se traduce en una comunicación virtual que obliga a preguntar si fue por mensaje o se vieron en realidad. En el espacio terapéutico muchos pacientes reproducen diálogos por WhatsApp con la finalidad de dar cuenta de la veracidad del hecho. El cortejo amoroso no está al margen de las aplicaciones que permiten cambiar de perfil en segundos cuando algo no convence. La insatisfacción gana terreno en las relaciones amorosas, ya que rápidamente son motivo de descarte cuando algún mínimo aspecto del otro no gusta. No hay tiempo para conocer… ¿Para qué me voy a exponer a un encuentro real si hay cosas que no me gustan? Seguramente existen estos rasgos que se rechazan, pero también existe una imagen ideal del otro, que rechaza lo que no aplica, o no convence del todo. La necesidad alimenta estas creencias, que no son más que imágenes mentales de lo que debe ser y suceder. La exposición permanente alimenta la ilusión, preparada para frustrarse desde los primeros encuentros. El ego ávido de ser satisfecho mueve a la persona a vivir situaciones urgentes, sin pensar en las consecuencias de las mismas. Las parejas tienen menos tolerancia para encarar las situaciones que trae la convivencia, más aun cuando vienen los hijos. Se da curso al deseo de tenerlos, pero la repercusión en la vida cotidiana asusta, dando lugar a acciones rápidas para que no comprometa a otras áreas, sobre todo el trabajo y el presupuesto económico. Se delega en la escuela la responsabilidad de la educación, el intercambio social y el aprendizaje de valores morales y éticos. Los abuelos tampoco están dispuestos como antes; el aumento de la expectativa de vida permite que ellos sigan con sus proyectos y otras actividades que requieren de tiempo y constancia. La insatisfacción gana terreno en aquellos espacios que merecen ser disfrutados y el placer no tiene libre acceso. "¿Para qué tuve hijos si no los puedo disfrutar? ¿Para qué me mato trabajando si la felicidad nunca llega?"; "estoy con mi pareja pero no tenemos tiempo ni ganas para estar juntos". La insatisfacción con la vida cotidiana, luego comienza a repercutir en el nivel de la existencia: "¿esto es lo que yo quería para mí? ¿Cómo hago para reencontrarme con mis sueños?, ¿Será que tengo que resignarme a esto, o en algún momento va a cambiar?".

La insatisfacción proyecta al afuera las causas del malestar. Si "el enemigo" está afuera, es imposible cuestionarlo ni afrontarlo.

Ansiedad

Se puede definir la ansiedad como un estado de alerta frente a todo aquello que está fuera de nosotros y a las señales del mundo interno. El Yo, como entidad única e identitaria no sólo da sentido y conciencia a lo que es propio, también precisa estar vigilante. Por lo tanto la ansiedad normal es un componente defensivo fundamental. Es el precio que tenemos que pagar por ser independientes y libres. Sin embargo, la evolución humana le ha otorgado otras funciones que solapadamente cumple. Me refiero a la ansiedad en su función catalizadora del deseo, una especie de fuerza que actúa conjuntamente con nuestras aspiraciones y anhelos. ¿Y por qué se han asociado? La respuesta solo puede explicarse por los cambios sociales en estos últimos siglos; cambios beneficiosos en cuanto al confort y a la prolongación de la vida, pero dañinos por la imposición de metas u objetivos perentorios. El medio externo ha suplantado al tutor interno imponiendo sus imperativos en forma categórica con la obligada alianza del tiempo, quien no solo enmarca las etapas de vida, sino que también califica (con vivencias de felicidad o frustración) por las demoras o los avances realizados. Me pregunto si el aumento de los ataques de pánico, o de otros trastornos de ansiedad, no son modos de reacción sintomática universal, diferentes formas patológicas que, junto con las enfermedades psicosomáticas, nos ponen en alerta del mal uso de la ansiedad, alejándola de la función defensiva original, transformándose en catalizadora de los deseos obedientes con las pautas externas.

La ansiedad encuentra un lugar cómodo en el deseo de los humanos domesticados. Será la guía, la muda convicción de "lo correcto". Ambas fuerzas (ansiedad y deseo) confluyen en una dirección común, se funden como una pareja, complementados al extremo de lo indefinido. Sin embargo, la ansiedad tiene más habilidad que el deseo, se origina en las etapas más tempranas de nuestra vida; es una fuerza interna que nos une a los objetos y personas del mundo externo. Como estímulo vital mueve las necesidades, los deseos y los impulsos primigenios. Sin la ansiedad, la fuerza interna vital no sería la misma. La unión que se realiza con las partes deseadas del afuera es además un aliciente eficaz para evitar la idea de finitud. Sin la unión al mundo externo, a todo aquello que está fuera de nosotros, a lo que la vida nos ofrece, sería imposible vivir. El vínculo que establecemos con aquello que necesitamos (ejemplo: el alimento) o deseamos (ejemplo: la proyección futura en el trabajo, la pareja, los hijos, etc.), es un lazo vital que mitiga la angustia de la muerte. Por lo tanto la ansiedad, con su espíritu esencial movilizador y de unión, es la mejor defensa para apartar el fantasma de la muerte que, como seres humanos que somos, estará presente desde que la conciencia nos informa de nuestra existencia. Existen dos funciones básicas de la ansiedad saludable: por un lado nos preserva de las amenazas que pudieran dañar nuestra integridad, y por el otro, será energía para movilizar las necesidades, los deseos y los impulsos que parten del mundo interno y se dirigen hacia las ofertas o beneficios del entorno. En el primer caso, cuando la conciencia capta algún agente dañino, avisa a la ansiedad para que ponga alerta al organismo, o se retraiga buscando en el Sí Mismo la protección. Las fuerzas que mueven a la ansiedad saludable, hacia el afuera, o hacia el mundo interno del sujeto, siempre tienden a protegerlo. La actividad de la ansiedad cuenta con esta doble faz: la relación con el mundo y la defensa de nuestra integridad, replegando al sujeto hacia sí mismo, como lo ilustra la imagen del caracol que se mete en su casita cuando percibe un peligro. La ansiedad es una respuesta normal y saludable. Sin ella la vida sería aburrida, no tendríamos desafíos y ninguna tensión guiaría nuestro desarrollo hacia los objetivos. No existe un modelo estándar que determine cómo se debe y cuál sería la mejor forma (en sentido de saludable) de sentir y expresar la ansiedad. La vida afectiva se construye desde la más tierna infancia, por lo tanto, así como arraigan en ella, la sensibilidad la ternura, los enojos, la simpatía o el resentimiento, también la ansiedad se incluye en este vasto capital de emociones. Como la ansiedad abarca diferentes niveles (desde la saludable hasta la patológica), a lo largo de la vida nos encontremos con su presencia. La ansiedad se convierte en síntoma en los trastornos de pánico y en otros trastornos que la tienen como centro. Si la ansiedad saludable nos alerta del peligro y nos prepara para encararlo, la patológica se activa frente a hechos que en sí mismos no tienen esa condición de amenaza. Las personas con síntomas de ansiedad sienten miedos generalizados, o se preparan para que algo malo ocurra.

Objetivos o metas propuestas

La naturaleza del deseo no aspira a que se concrete en forma urgente. El deseo por sí mismo puede ser controlado por la voluntad buscando la mejor manera de llevarlo adelante; sin embargo, creemos que si nos apuramos para llegar a la meta, las ganancias para el Yo serán mayores. La idea de rendir, de ganar, de darle un valor superlativo a la meta, aparece en más o en menos en todas las áreas de la vida, mucho más en aquellas que suponen un ascenso social o cumplir con ciertas pautas esperables. Parece una paradoja que en estos tiempos de mayor flexibilidad y de búsqueda del cuidado personal (ejercicios, dietas, disfrute del ocio, cambiar de trabajo cuando no satisface, postergación de la maternidad, etc.), la tecnología, aliada con la competitividad cree exigencias nuevas a la vida moderna. La búsqueda de felicidad, o de instantes de bienestar, se convierte también en una meta ilusoria; se construyen ideales que poco y nada tienen que ver con lo que cada uno posee para acceder a ellos. El resultado: vivencia de fracaso, insatisfacción y sin sentido. Que cada uno de nosotros pueda hacer un inventario de las capacidades personales debería ser un ejercicio permanente. Conocer las bases desde donde zarpamos para los sucesivos viajes ayuda a armar un itinerario de lo cotidiano y de todos los sucesos que ocurran en y más allá de la partida diaria. Trazar un plan de metas sin saber desde dónde partimos es nadar a la deriva, creyendo que quizás, detrás del horizonte, está la tierra prometida.

En materia de ranking de metas "Esperables" podemos enumerar las siguientes:

- Hacer recircular objetos de consumo y obtener status laboral y social.

- La obligación de pertenecer a una categoría de género preferentemente binaria, es decir, femenino o masculino (con las consiguientes afirmaciones que sostienen cada género, es decir: "Qué se espera de la mujer y del hombre" como sujetos y en un marco social).

- Construir una familia basada en la procreación natural y la ley del patriarcado y cumplir con los roles sociales esperables.

Esta tríada de leyes, modificadas en apariencia por los progresos sociales, sobre todo la lucha por la igualdad de oportunidades para ambos géneros, el reconocimiento gradual de otras expresiones de género, las concepciones de familia y los adelantos científicos en materia procreativa, siguen siendo aún sólidas columnas en las construcción de la sociedad y fuertes incentivos para dirigir la vida humana. El progreso humano, en el sentido más libre e inclusivo del término, llega con cuentagotas y cuesta romper aún con las líneas de la ortodoxia recalcitrante. En síntesis: ser sujeto de consumo, imbuido de deseos de procrear, dentro de un contexto de pareja y familia, siguen siendo los lineamientos más sólidos y valorados universalmente. Cumplir con estas condiciones es garantía de proyección hacia el futuro. Uno puede disfrutar de la soltería, del sexo, hasta de los proyectos individuales, pero luego llegará la hora de formar pareja con el fin preestablecido de convertirse en un núcleo familiar. Jóvenes sixties, setentones, beatniks, progres, hippies, modernos, punks, académicos, millennials, colectivos de diversidad sexual, etc., la contracultura en su máxima expresión también sucumbe al poder de la sociedad de consumo. ¿Es tan fuerte el influjo de esta sociedad consumista, o la causa es tener siempre algún soporte conocido para no sentirnos extraños, parias, desclasados, en una sociedad que repele lo que se ignora, a los rebeldes, etc.? Quizá la respuesta no esté en la oposición sino en la integración de las partes. No solo la estratificación o la idea de diferentes niveles impregnan la vida humana (leve/moderado/ grave; alto/mediano/ bajo; superior/medio/ inferior; mucho/poco, etc.), también la idea de opuestos (abierto/ cerrado; flexible/rígido; triste/alegre; ansioso/tranquilo, rico/ pobre; incluido/excluido, etc.). Todos estos aspectos cuantitativos son superiores a los cualitativos, quizá porque estos últimos no se pueden medir y solo los valora la apreciación personal. Si nos manejamos con categorías de opuestos, siempre habrá un dilema interno. Somos malos y buenos; seguros e inseguros, confiados y desconfiados, temerosos y temerarios, por citar algunos ejemplos. Congeniar, aunar, reunir, se oponen a separar, oponer, diferenciar. Hasta en la misma esencia de la unión se encuentra la díada opuesta. Si dejamos que cada acción esté dominada por opuestos antinómicos, poco queda para el consenso interno. Será tarea entonces considerar que las categorías de opuestos deben convivir sin conflicto, no como aspectos o rasgos estancos. La existencia precisará de ambos, según la circunstancia. La calidad de la vida será el resultado de esta combinación integrada, de esta sinergia de las partes en pos del bienestar personal y del bien común.

No somos "una cosa u otra". Somos un todo integrado y dinámico. Las jerarquías, las categorías, el énfasis puesto solo en un extremo de los opuestos, así como el rechazo de la otra parte, van en desmedro de la calidad de la vida en general. Si no podemos integrar las diferencias internas, el sentido de la vida y las conductas resultantes será fragmentados, dividido por muros de contención estancos.

¿Qué es la ansiedad patológica?

La ansiedad saludable acompaña a los procesos para lograr la individualidad. Comprender este significado de la ansiedad basal supone un compromiso diferente con la vida cotidiana y con las inquietudes más profundas. Y cuán difícil se hace establecer entre ambas un equilibrio que nos plazca. La cotidianidad ocupa gran parte de nuestros días y cada vez hay menos tiempo para reflexionar si la infinidad de actos que realizamos responden a una verdad integral. La vida moderna nos disocia, es un mecanismo defensivo que aprendemos desde niños para sobrellevar cada etapa. Por un lado avanza la rutina, y por el otro, el cuestionamiento que hacemos de ella, sobre todo si no coincide con la propuesta vital. La mayoría de las veces todas los controversias llegan hasta un tope de tolerancia y declinan como si nada hubiera pasado. Los grandes hitos de la vida son bisagras para un cambio, pero deberían acompañarse de argumentos más o menos sólidos para sostenerse a lo largo del tiempo. Yo no creo que existan personas que se conformen con los pequeños logros cotidianos y con ello logren la pretendida felicidad. Hay sumisión y una férrea capacidad de adaptación a los patrones sociales. Y esta reflexión les cabe a muchas mujeres que decidieron postergarse en lugar de animarse a otras opciones liberadoras. Aun sabiendo de sus condiciones intrínsecas, las dejaron pasar, como si esa luz que intentaba reflejar un esbozo revolucionario se hubiera apagado, sin rescoldo, sin huella de la intención redentora. La ansiedad se vuelve una compañía esencial en los vínculos sociales. La presencia del "otro", ajeno a nuestro mundo, es un estímulo fundamental para dejar de estar centrados en nosotros mismos y abocarnos a una tarea empática, con las recompensas afectivas, valoración y la sublimación o canalización de los miedos, agresión y pulsiones sexuales que toda relación permite.

La ansiedad patológica es egoísta. Se planta en el núcleo del Ser como una barrera infranqueable. Nadie puede entrar, nadie puede salir. Las personas ansiosas conocen como ninguna otra la cerrazón de sus creencias y los sentimientos respecto al mundo externo. La ansiedad patológica cierra la apertura cognoscitiva natural que ayuda a recibir el mundo externo e interno. La convicción de que el mundo se mueve de una manera fija impide otorgarles dinamismo a las percepciones externas. En síntesis, podría afirmar: "capto lo que puedo captar, a eso me remito y actúo en consecuencia". Todo se debe ajustar a este argumento interno. No hay lugar para cambios, es más, cualquier intención que no haya sido contemplada en este "libreto escrito de antemano" será expulsada ante la más mínima insinuación. La ansiedad patológica no consiente ni tolera la mirada compasiva sobre sí mismo y sobre los demás. Siempre existirá una "falta", grieta, vacío, insatisfacción, exigencia y un férreo rechazo para aceptar cualquier cambio.

La ayuda de las defensas

Los mecanismos de defensa cumplen la función de impedir que los recuerdos o hechos actuales impacten en nuestra conciencia. Ellos son los encargados de dosificar el flujo de ansiedad para que la realidad mantenga cierta "objetividad" y no se vea contaminada por sucesos perturbadores.

Los mecanismos defensivos más usados son la represión, la negación y la formación reactiva. La represión mantiene los traumas en el inconsciente; durante el día, los encierra dejando que alguno salga en forma de acto fallido; a la noche, les da libertad para que pueblen los sueños de imágenes aleccionadoras, una especie de instructivo para descifrar cuál es el verdadero significado. La negación hace un zapping con la realidad, quedándose con las imágenes más aptas para convencer a la conciencia. La negación desplaza el dato provocador, siendo este reemplazado por uno más "suave", pasible de ser justificado: "mi marido está recargado de trabajo, llega todos los días a las 3 de la mañana". La formación reactiva es el ajuste que faltaba para completar la tríada defensiva de la conducta neurótica. Por medio de este mecanismo, las fuerzas internas (o pulsiones) que tendrían el poder de convertirnos en seres indomables, son domesticadas, pasando a la conciencia la finalidad opuesta. Por ejemplo: si el odio alberga en mi interior, la formación reactiva me hará dulce y amoroso hacia el mundo. La formación reactiva es la mejor aliada de las normativas sociales, por ella se construyen individuos que en apariencia impresionan como caballeros, formales, respetuosos y morales; pero en el fondo son viles, con pulsiones perversas y agresivas. La formación reactiva se ajusta al modelo que las sociedades más pacatas y represivas quieren imponer. Todo ser humano necesita integrar las fuerzas internas: el amor y el odio, el Sí Mismo y Los Otros; la aceptación y el rechazo; lo moral y amoral; la flexibilidad social y la aceptación de las normas de convivencia. La integración dinámica es salud. La represión de uno de los polos; vivir la vida en constante oposición, como si las cosas fueran todo o nada (amar/odiar, sentir/reprimir), convoca a la enfermedad.

Si la ansiedad saludable ayuda a encarar las metas vitales y hacer frente a las demandas externas, podemos concluir que la ansiedad patológica hace lo contrario: es inhibitoria y convierte cualquier problema en una catástrofe imposible de encarar.

A lo largo de la historia, las mujeres han convivido con un tipo de ansiedad asociada a la construcción misma del género. La adaptabilidad extrema y la sumisión a los modelos culturales seguramente han sido productoras de ansiedad, aunque ésta inquietud no podía manifestarse como tal. Estaba mal visto que una dama mostrara sus piernas, fumara en público o hiciera saber a los demás sus deseos más profundos y sus quejas. Cuántas de nuestras madres y abuelas habrán llorado en el silencio de sus cuartos lúgubres, imposibilitadas de compartir sus intimidades.

Programa de educación en valores humanos (PEVH)

Por Silvia Pérez

El programa de educación en valores humanos para padres y familia (PEVH) me instaló en una constante aventura acerca de esta pregunta: ¿Soy lo que quiero ser? Más luego, ¿y qué quiero ser? Acaso ya no nos hacemos tanto estas preguntas ¿no? En realidad es la falsa identidad que creamos para complacer al afuera, que nos obliga a indagar acerca de ello. Pues hasta mirando nuestros propios perfiles de las redes sociales podemos llegar a sorprendernos pensando por que nos sentiremos tan insatisfechos si las fotos y los comentarios, sumados a los "likes", nos muestran que tenemos una vida genial. No digo que les pase a todos. Pero en algún rinconcito del corazón, preguntate cuán honesto sos con lo "que querés ser". El PEVH para padres y familia que estudie, propone reflexionar y autoindagar, para que a través de ello tomemos conciencia de lo que convive en una nebulosa de ruidos, apuros, corridas y mandatos, en nuestras mentes. Las vivencias que se experimentan en las prácticas de cada unidad del programa, despiertan invariablemente la conciencia de todos aquellos que conocí y lo abordamos. Una vez que tomamos conciencia de lo que sea, es decir, el famoso "darse cuenta", ya no hay retorno. Pues a partir de ahí, cada uno es el que decide que hace con ese despertar. Tomar cartas en el asunto es una buena opción, a mi entender. He comprobado que, si hemos descubierto algo, será en vano darle la espalda, ya que nos perseguirá día y noche. O al menos a la noche, en el silencio que solo escuchás con la almohada, te susurrará al oído. Podemos ignorarlo, pero es de molesto...

Las siguientes son algunas las unidades básicas del programa. Luego de muchos seminarios facilitando estas herramientas en la República Argentina, Chile, Venezuela, Bolivia y Paraguay me gustaría compartirles algunas conclusiones a que arribaron los asistentes de las distintas zonas y culturas. Estan estrictamente relacionadas a los padres y a la familia, pero encuentro puntos en comunión con las necesidades personales

Unidad 1.
Vida humana y propósito humano

Las conclusiones fueron que, en general, los padres tienen muy claro en sus mentes, cuáles son los valores, pero notan que sus hijos no los implementan debido a los estándares establecidos por la cultura popular. Esto los confunde en sus roles y van perdiendo esa claridad que anida dentro de sus corazones y mentes. Invariablemente, el miedo se apodera de ellos en algún rincón, ya que conocen muy bien cómo funciona el comportamiento humano cuando no se practican valores. El miedo también se nutre de la violencia que se vive ahí afuera. Entonces aquí nos encontramos con la pregunta: ¿qué es lo que queremos para nuestros hijos? La mayoría de los padres anhelan que sus hijos tengan una buena vida, que puedan sustentarla, que estudien, que sean personas de bien y formen una familia amorosa. Que sean felices. He aquí algunas respuestas que dieron cuando se les pregunto cómo creen que llegarán a ser felices.

- Conociéndose a sí mismos. Conociendo sus fortalezas, su bondad y posibilidades.

- Siendo sensibles, compasivos, comprensivos, y viviendo en armonía.

- Sintiéndose respetados y respetando.

- Exitosos y con carácter. Desarrollando sus potenciales

- Buscando su propósito de vida.

- Viviendo en paz

Para llevar a cabo esto, concluyeron que es necesario charlar con los hijos, llegar a que se produzca la confianza que necesitan. Poner límites aun cuando no los comparta el afuera. Ser modelos y ejemplo de lo que predican. Y sobre todo que el ser "humanos" está relacionado con el propósito de vivir.

Unidad 2.
¿Cómo estamos los padres preparados para impartir valores humanos a nuestros hijos?

Muchas veces se toman decisiones trascendentales inconscientemente o por los mandatos. Hay que casarse, tener hijos, ser exitosos... El objetivo de esta unidad es habilitar a la introspección y descubrir por qué nos casamos, para qué tenemos hijos, y qué queremos para ellos. Preguntarnos esto tan simple que quizá no lo hemos hecho en el fuero íntimo, les aseguro que trae sorpresas. Por otra parte, tomaron conciencia de los años que estudiamos para llegar a ser profesionales, o técnicos de las disciplinas en las que nos desenvolvemos para llegar a preguntarnos: ¿y qué estudios nos dan para ser padres? ¿Cómo aprendemos a serlo? Algunos contestaron que por observación, y recibieron con humor la siguiente pregunta: ¿confiarías en un médico, arquitecto o abogado que haya aprendido observando a otros? Lo cierto es que nadie nos enseñó, no hay una universidad de padres. Aprendemos a ser padres criando y educandolo. Quizá muchos de nosotros tenemos referencias de nuestros propios padres que a veces serán buenas, y otras mejor olvidarlas. Pero se hace la relación padre/hijo, madre/hijo en el día a día, y es por eso que somos los ideales, ya que esta cotidianeidad da en cada oportunidad que se presenta la posibilidad de crear un vínculo de confianza, amor y desarrollar destreza para las relaciones. Para abordar las emociones, los límites, los desafíos y aprender de nosotros para poder dar lo mejor, que no siempre será lo que los hijos consideran "lo mejor". También cumplimos diferentes roles a medida que ellos van creciendo. En las diferentes etapas nos encontramos con desafíos nuevos, problemas nuevos, estándares populares nuevos. Así que siempre estemos focalizados en lo que sucede en la actualidad que vamos atravesando. Nuestra relación con los hijos se fortalece si, como padres, enseñamos valores humanos, habilidades humanas para relacionarnos y nos amigamos con las emociones.

Unidad 3.
¿Qué está pasando en las familias hoy en día?

Lo primero que tenemos en claro todos, es que las experiencias con los niños y adolescentes hoy son bien diferentes que hace más de medio siglo atrás. No hablamos de mejor o peor. Simplemente, diferentes. El mundo cambia, progresa y hay que acompañar ese proceso y acondicionarse de la mejor manera. Pero estamos atravesados por este cambio. Empezando por el mero hecho de que las mujeres no trabajaban por entonces y cumplían el rol de amas de casa y criaban a los hijos, hasta la actualidad donde se rompieron los estándares del rol del hombre y el de la mujer y comenzaron a compartir, delegar, y así incursionar en nuevos modelos de familia. Existe ahora una relación diferente de los padres con los hijos que antes solo les pertenecía a las madres. Eso es muy positivo de acuerdo a cómo se lo lleve adelante. El contacto más cercano del padre con los hijos beneficia a la dinámica de la familia, si se lo sabe aprovechar. Por otra parte, la introducción de las innovaciones tecnológicas en los hogares ha generado una gran variedad de cambios en el estilo de vida familiar. El tema de la comunicación entre padres es hijos es muy importante en esta nueva era.

Fundamentalmente todos concluimos en el hecho de que estamos altamente influenciados por los modelos con los que nos criamos, y tratar de ser diferentes a nuestros propios padres no es una tarea fácil. Pero hay momentos en nuestras vidas en los que podemos establecer nuevos patrones de comportamiento. Esas oportunidades a menudo se presentan cuando los hijos están pasando por una instancia que nos rememora nuestra infancia muy fuertemente. Puede que al revivirla, actuemos como lo hicieron nuestros padres, pero si en ese momento se percibe un recuerdo negativo, podemos cambiar el comportamiento hacia nuestro hijo y crear un nuevo patrón positivo.

Unidad 4.
El rol de los padres en el desarrollo moral de nuestros hijos.

La educación moral de los niños comienza mayormente cuando los padres se dan cuenta de que son los guías espirituales de sus hijos. En algunas culturas esto está bien establecido desde antes del casamiento. En otras surge naturalmente y hasta sin tanta conciencia de ello. En los comienzos de vida del bebé, gran parte de este aprendizaje de las actitudes apropiadas, esta signado por el "Sí", el "No" y por los límites que se imponen. La mayoría coincidió en que un "buen niño" es aquel que tiene control emocional (llámese "control" al uso adecuado de las emociones), que puede sentir y expresar, ser sociable, servicial, calmo... cualidades que, de alguna manera, lo habilitarán toda su vida en cada aspecto. Se exaltó la importancia del comportamiento no solo en la escuela, el hogar y con sus amigos, sino también socialmente. Durante la adolescencia los niños entran en un periodo de constante búsqueda de algo que les dé razones para su comportamiento moral. Si esta búsqueda resulta exitosa, los jóvenes adultos contarán con un buen sistema de valores cuando tengan que enfrentarse con las tentaciones externas. Ahí los padres ejercen un rol fundamental en sus palabras, pensamientos y acciones.

Unidad 5.
¿Existen oportunidades para enseñar valores?

Los niños, y creo que los adultos también, son más receptivos a aprender una lección moral o valores humanos cuando:

- se enfrentan a una crisis, o se rompe una amistad, o simplemente han tenido un mal día.

- cuando notan tristeza o decepción en alguien y traen a colación el tema abordando las emociones.

- cuando los padres tienen evidencias de un mal comportamiento del hijo.

- a veces, mirando TV o cine o en la calle observamos una situación inmoral, y es buena oportunidad para hablar del tema.

- en las vacaciones o tiempo en familia pueden surgir temas en relación a amigos o familiares que habilitan la enseñanza también, de una forma relajada y distendida.

Los niños aprenden valores cuando se encuentran en una atmósfera amigable, de amor, de respeto, humor si es posible, y con un contacto de corazón a corazón. Las mejores actitudes son las que no juzgan, y sobre todo cuando se deja todo de lado para atender la situación concentrados en encontrarla.

Unidad 6.
Amor: Relación de parejas y relaciones familiares

El proceso de interacción en las parejas esta sostenido por los valores humanos. Las dificultades lógicas que siempre llegan prueban la capacidad para enfrentar la inmadurez y el compromiso de "crecimiento personal" que tiene cada uno. Las mejores relaciones son las que incorporan procesos positivos y construyen una historia de respeto, empatía, confianza y entendimiento. Siempre habrá conflictos pero si se proponen resolverlos, crearán fortaleza y no malos entendidos. Cuando las parejas están en estado constante de tensión, estarán absorbidos por ellos mismos y no habrá ningún tipo de disciplina ni en el hogar ni el trabajo. Esto genera stress, ansiedades crónicas y confusiones que se les pasan a los niños. Un modelo de relación amorosa habilita a los hijos a crear relaciones de amor.

Unidad 7.
Paz: Tiempo en familia

Siempre que se pase tiempo en actividades divertidas y pacíficas, habrá paz en el entorno. Hoy, el tiempo en familia es más importante que nunca antes ya que la tendencia actual es que aun compartiendo el mismo techo todos los miembros de la familia tienen vidas separadas. Antes, un hogar conservaba memorias compartidas, historias de amor, reuniones, comidas, valores en común, filosofías de vida… Una historia familiar que hay que fortalecer día a día, y no permitir que nos la roben las actividades extracurriculares, los gimnasios, las horas extras, y los tantísimos compromisos que deberíamos evaluar qué orden de prioridad tienen.

Unidad 8.
Acción Correcta: empoderamiento de la persona

La acción correcta estimula al niño a explorar y expresar su propia dirección y determinación. Por esta razón da poder. Uno de los aspectos principales de la "acción correcta" es que los niños acepten las responsabilidades de sus acciones. Deben trabajar este concepto en el seno familiar. Algunos sugirieron que a través de la penitencia y el premio podrían conseguir entendimiento, aunque coincidieron en que les resulta más fácil recompensar antes que dar un castigo. Sin embargo si el castigo esta pre establecido y se lo administra sin culpa ni enojo, es una herramienta que permite pensar, reflexionar y tomar decisiones a los niños. También afirman a los padres en su rol de credibilidad, consistencia y autoridad. Y no de esa igualdad que se presenta hoy en día en muchos hogares. Los niveles de responsabilidad se incrementan a medida que los niños van madurando. A los niños no les gusta mucho aceptar responsabilidades y siempre tienen una excusa. Aceptar esas excusas es darles rienda suelta a las irresponsabilidades futuras en sus personalidades. Se impone entonces la disciplina. La libertad resulta cuando se aceptan las responsabilidades. La libertad no para complacer, sino para tener control sobre el enojo, las preocupaciones, miedos, culpas y ansiedades.

Unidad 9.
No violencia: ¿Cómo nos comunicamos?

Quizá generalmente se piensa en la violencia en función de los acontecimientos de violencia física, pero ellos son el resultado de la falta de buena comunicación.

La buena comunicación es la que habilita a la unión, al amor, y eleva el entendimiento de las metas y propósitos comunes. Se necesita del diálogo para el entendimiento y no para la imposición de ideas y de propósitos. Una buena comunicación requiere, indefectiblemente, de paz interior para poder responder en vez de reaccionar.

La comunicación pobre es la que acusa, critica, ejerce obediencia forzosa y, por lo tanto, destruye el individualismo tanto de un niño como de un adulto. El acusar y criticar son técnicas muy comunes en el seno de la familia, aunque en la actualidad es moneda común en la mayoría de los ámbitos.

Es necesario proveerse de prácticas que ayuden a calmar nuestras mentes para poder escuchar, dejar de lado nuestros problemas para atender los de otros, y tomar las mejor resoluciones sin enojo. Empatizar es importante así como el entendimiento de lo que sucede para poner los límites y tomar decisiones. No sirve evadir los temas con conversaciones banales o haciendo callar a los niños sin atender las cuestiones.

Podríamos resumir que hay 4 tipos de comunicación:

1) Banal
2) Liviana
3) Controladora
4) De corazón a corazón

En la comunicación de corazón a corazón no hay juicios, no hay apuro por seguir con la agenda. Quizá, aprender a relacionarse de corazón a corazón sea una manera de comunicarse difícil pero gratificante. Esta es: no violencia.

Unidad 10.
Verdad: ¿Qué creencias tenemos y damos en el seno familiar? ¿Y cómo son nuestros amigos en relación a esto?

Los rituales de las creencias o religiones juegan un rol muy importante en las vidas de los niños, inclusive más que la filosofía que se esconde detrás de ellos. La visibilidad de los rituales les da a los niños un sentido de contexto y de seguridad. Las creencias, así como los modelos que se tengan en la familia de héroes o dioses que se admiren, les darán un modelo operativo de cómo se relacionarán con los demás. Todas las diferentes religiones tienen en común un criterio de valores y enfatizan el amor y la conciencia social. Los festejos, las filosofías compartidas, el cuidado y el amor generan una cultura dentro de la familia. Así como las amistades de los padres son un modelo para los niños de cómo se relacionan socialmente. Y, en algunos casos, los amigos de la familia hasta pueden ayudar a los niños a elegir sus propias direcciones. En la familia se crea una cultura de cuidado, amor, celebraciones, pertenencia, una filosofía y contexto común.

Las patologías del amor

Por Walter Ghedin

Si el amor es un sentimiento que conjuga un estado afectivo con cierta dosis de racionalidad, podemos inferir que el amor despiadado, enroscado, posesivo, adictivo, está dentro del orden de la emoción y de la falta de control consciente y voluntario. Además de la experiencia subjetiva, el amor debe entenderse como un modo empático que busca como resultados la exaltación del vínculo y la valoración de cada uno de los integrantes del mismo. El amor, como el sexo, dibuja un círculo que envuelve al otro y regresa al punto de partida, modificándolo. El amor, sin importar a quién va dirigido (pareja, hijos, amigos, etc.), comprende un sentimiento de unión que no puede ni debe jamás volverse cohesivo: estoy con el otro sin perderme en él. El amor respeta la individualidad propia y la ajena. No existe un amor saludable que se organice alrededor de la posesión y la demanda permanente. El amor, para que se precie de tal y subyugue a los amantes, debe poseer ese núcleo esencial que refuerza al mismo tiempo la unión y las expectativas individuales. El amor de la madre por el hijo debe cubrir las necesidades del mismo (fisiológicas, de amor, contención, seguridad, etc.) sin ahogarlo por el exceso de alimento o de afecto. Las madres y los padres deben aprender a leer las señales del niño para darse cuenta de lo que necesita. Desde recién nacidos, los pequeños emiten señales conductuales cuando sienten hambre, dolor, saciedad o la necesidad de que los mayores estén presentes. Los adultos deben aprender a leer esos mensajes que los niños emiten para dar respuesta a ellos. Luego, el crecimiento nos convierte en sujetos racionales pudiendo registrar qué nos pasa y hacer algo en consecuencia.

El amor adulto es emocional y racional y las dos instancias psicológicas se unen en forma dinámica. Cuando se pierde esta armonía nos volvemos demasiado racionales justificando actitudes personales y acusando al otro de sus comportamientos; por el contrario, el incremento del polo emocional convierte el conflicto en una tragedia sin límites. Seguramente es difícil mantener esa cordura entre lo emocional y lo racional para hacer una lectura saludable de los hechos. Pero no es imposible. Otro aspecto fundamental en toda unión humana y amorosa es la empatía. Sin empatía no existe el verdadero amor, tampoco sin exaltación de la estima. Es egoísta (egoísmo sano) y altruista, como la mayoría de las experiencias humanas que incluyen al otro. El amor no completa ninguna falta, el amor enriquece lo que está presente en cada uno de nosotros. La idea del amor como falta no ha sido buena para entender el amor, fundamentalmente porque fomentó la desigualdad de género. El patriarcado se establece sobre esta base de complementariedad en la cual el otro (la mujer), completa la "pieza" faltante del hombre, no como parte fundacional del vínculo amoroso, sino como aporte casi exclusivo a la masculinidad. "Serás el hombre que mereces ser en la medida de que exista una mujer para someter", y así retroalimentar las condiciones machistas. Pero siguiendo este concepto que se ha sostenido en el tiempo y más allá de los cambios actuales, aún persiste con sus variantes la idea de que feminidad es libertad pero sin olvidar que se debe cumplir con las reglas clásicas que la sociedad y el varón espera de una mujer. El patriarcado no se despega del todo de los vínculos amorosos.

El amor no es falta, tampoco es descalabro pasional, ni control, ni dominación, ni encastre de partes que se buscan y se necesitan. El amor es una experiencia del ser social que nutre su condición con la compañía del otro. Esta es la base, el sustrato sobre el cual el amor se fundamenta. Sin embargo, esta base sustanciosa que se vuelca durante la infancia hacia los otros significativos, recibe el influjo del entorno a la manera de un cincel que esculpe la forma personal de amar. Puede resultar muy ingrato, pero el amor que muchas veces recibimos de las personas significativas, más que exacerbar las condiciones de base, las empobrece. Y no porque no se desee lo mejor y se lo manifieste de la manera más expansiva, sucede que las condiciones que rodean la expresión amorosa parental van acompañadas de otros muchos aspectos que entorpecen la emergencia del afecto. Una madre será cariñosa con su hijo hasta el punto de excederse en el cuidado; un padre creerá que es afectuoso con su hijo si determina qué deportes tiene que hacer por el hecho de ser varón, etc. Miles de estas imposiciones involuntarias (están signadas por las creencias que anidan en la cabeza de los padres sin someterlas a cuestionamientos; "simplemente son así") se trasmiten en nombre del amor. ¿Acaso no hay algo de locura en este modelo de amor? La locura es la irracionalidad convertida en cuerpo, en acción, pero también el exceso de racionalidad es locura. No quiero ubicar el amor parental en el ámbito de la psicopatología, no es lo que quiero expresar. Quiero decir que existen conductas que están aceptadas socialmente, moralmente, pero sometidas a análisis dejan ver su carga de daño sobre las capacidades humanas más prístinas. Entiendo que nadie nace sabiendo, que cada uno hace lo que puede; que ser padres es harto difícil (más en estos tiempos que corren), que dejemos de echar la culpa a los mayores y asumamos nuestras responsabilidades. Todo esto, y mucho más, es muy válido; lo que considero un problema es que los adultos pocas veces se preguntan: ¿por qué transmito lo que transmito y de qué manera lo hago? ¿Por qué creo que lo que hace la mayoría debe estar bien y yo tengo que repetirlo? Quizá sea necesario recordar nuestra niñez y qué cosas nos hubiera gustado hacer y no pudimos por imposición de los adultos. La subjetividad adulta es el resultado de un sistema de modelos culturales que la atraviesa dejando sus huellas. La pureza del inicio de la vida debe someterse a la fuerza del influjo externo, que toma siempre el derecho de intromisión. De esta mixtura entre el entorno y lo propio se construye en mundo personal, con sus aspectos conscientes (identidad) e inconscientes. Pero aun así podemos integrar, sumando otros modelos que respondan a los deseos auténticos y convertir la propia vida –y la ajena– en una realidad más satisfactoria.

Los mapas del amor

Se denominan "mapas del amor" a una guía interna que determina "cómo serán las relaciones amorosas" en el futuro según el apego y la interacción con los padres en los primeros años de vida. Para este concepto el amor espontáneo no existe, ya está determinado de antemano. No son más que fronteras que delimitan el territorio de lo posible, de lo acordado entre el sujeto y la sociedad. El resto, lo que queda afuera del mismo, entra en el terreno de lo accesorio o de lo quimérico. Los mapas del amor (que se conforman según las pautas de apego con los mayores y la respuesta emocional del pequeño) pueden funcionar como esquemas rígidos que no permiten la inclusión de cambios. La clásica pregunta ¿por qué siempre me meto en relaciones complicadas?, podría ser explicada por esta teoría que acepta que el condicionamiento de la conducta es una regla impuesta desde el principio. Pero volviendo a la idea de que un territorio demarcado por fronteras rígidas también supone que tras las mismas debe existir algo mejor. La persona que sufre por "golpearse siempre contra la misma pared" también sufre por estar encerrada en su ceñido espacio y desea traspasarlo. El sufrimiento vincular también pone en evidencia el reclamo por ese territorio subjetivo inaccesible; la ilusión de la "tierra prometida". Sin embargo, cuando la frontera, tan infranqueable no acepta ningún reclamo y menos que menos estrategias de huida, la mente se encargará de aumentar la fantasía quimérica del territorio negado. ¿Y qué hacer entonces cuando la ilusión construye un territorio que no pertenece a la realidad concreta, sino que se organiza como una alternativa inalcanzable? Por lo menos aparecen dos opciones; una dañina: afianzarse más al contexto conocido para evitar la angustia; otra saludable: luchar para apropiarse de lo nuevo e incierto y convertir la ilusión en una nueva realidad. Quedarse en la frontera es sufrir; a los gritos, o en silencio.

La demarcación subjetiva de las relaciones amorosas se halla influida por la educación, el status social, los modelos de atracción, las normas morales y religiosas, la filosofía de vida y la capacidad de cambio que cada sujeto posea. No obstante la oportunidad que cada uno tiene de cambiar, de romper con las fronteras instituidas por los mapas pretéritos y salir a la luz hacia nuevos territorios quizá amerite de otras demarcaciones, pero "uno será dueño/a y señor/a de esas decisiones". En síntesis: cada uno de nosotros puede y debe construir su propio mapa amoroso según su deseo y libre albedrío. Aun así, algunos quedan presos en sus propios esquemas afectivos y cognitivos y se les hace difícil o imposible provocar el más mínimo cambio.

La dupla apego/desapego juega una función fundamental para crear los patrones de relación interpersonal y amorosa en el futuro adulto. Quizá no impacten tanto en los vínculos más laxos, es decir con menos compromiso personal, cuestión que difiere cuando interviene el amor y los proyectos de pareja. Un aspecto relevante de la personalidad es la generación de vínculos sociales, lo cual está determinado por la forma de percibir el mundo, de aprehenderlo con el pensamiento y las emociones. Y si bien esta trama que brinda identidad puede estar sujeta a los cambios según la maduración, el crecimiento y la expansión propia de la experiencia humana, en muchos casos su estabilidad defensiva impide el ingreso de representaciones nuevas.

Amores con miedo

El apego desmedido entre padres e hijos (por temor, sobreprotección, exceso de afecto) impide que los más pequeños puedan probarse en el entorno inmediato y así construir su propia experiencia. El impulso vital que guía al cuerpo para adquirir conocimiento del medio se corta a cada paso (regaño o exceso de límites mediante) provocando inseguridad y temor al repetir la experiencia. La internalización de estas figuras parentales será suficiente para cuestionar cualquier acto que esté fuera de lo permitido. Las personalidades temerosas, con escasa estima y poca valoración personal refieren siempre esta historia llena de fracasos. Para estas personas, el otro (antes que el otro concreto de carne y hueso), es una amenaza potencial al amor parental porque nada ni nada podrá reemplazarlo. Solo en el terreno imaginario el amor se satisface (el príncipe o la princesa traducido en candidatos inaccesibles); cumple con la regla de la no traición al amor filial, amor que será eterno porque jamás abdicará. En estos casos, signados por estos padres internalizados, el amor es una construcción ilusoria que no encuentra medida en la realidad. "Amo la idea del amor, más no sé qué hacer con ese otro que está frente a mis ojos y al que tengo que dar respuestas porque de alguna manera yo también lo elegí". El amor patológico de estas personas miedosas, inseguras, con baja estima, provoca un estado de insatisfacción constante y una necesidad de moldear al otro, de que este se ajuste al esquema mental inicial. Querer modelar a la persona amada de acuerdo a nuestro gusto, investirlo como un objeto de posesión, son algunas conductas que definen esta forma de "amour fou".

Amores rígidos

La sobreprotección no solo es una cubierta que protege de las amenazas del mundo despertando una imaginación frondosa donde es posible vivir contenido, puede actuar también sosteniendo una mirada del mundo externo, incluido el otro amado, que nunca se debe someter a discusión. Estas personalidades tienen un pensamiento rígido que defienden con uñas y dientes. La frase que se les escucha es: "yo soy así y no voy a cambiar". Y no solo se conforman con la convicción de que nada se puede modificar, sino que imponen al otro su forma de ver el mundo. El amor es un producto de la mente y no puede ser discutido. En esta forma de amor rígido uno marca las normas a seguir y el otro debe cumplirlas a pie juntillas. Cualquier cuestionamiento da lugar a crisis. La violencia es lo imperativo de su modelo racional. Las emociones están en un segundo plano; prima la razón defendida a ultranza. El enganche resulta de la corrección caballeresca, por el status, la perfección y las formas tan aceptadas socialmente. Son personas correctas, prolijas, detallistas, minuciosas, respetuosas de las reglas de cortesía, exitosas en trabajos, religiosas, políticamente correctas, críticas de las medias tintas y del caos (tampoco se precisa ser tan revoltosos o descuidados para ser merecedores de sus críticas); descreen de la terapia, creen en la superioridad de las funciones del pensamiento y en la cura psíquica sin ayuda externa. Para aquellas damas que busquen un candidato formal, que les brinde status, bienestar económico y que cuide de la familia por el estatuto de ser un buen padre de familia, es el hombre ideal. Algunas damas se benefician de este tipo de dominación racional encubierta; no les genera ningún conflicto.

Ellos, contentos con sus mujeres obedientes, domesticadas, que controlan la administración del hogar. No obstante, para muchas mujeres, esta manera de amar se convierte en un gran problema. Es posible que estas mujeres sufran en silencio, adaptándose al modelo impuesto sin criticarlo; convencidas de que "así tiene que ser", ya que cumple la idea general de "pareja y de familia". Son los hijos los que muchas veces se rebelan a estos padres autoritarios, poniendo en cuestión su carácter inflexible. Una vez que los hijos crecen y se van, están en mejores condiciones de decir basta y de dar el gran cambio. Algunas logran romper con esta forma de amor, otras se quedan por cómodas, por miedo a la soledad, por lástima hacia un hombre que no pudo (ni intentó) vivir con un mínimo de placer.

Amores narcisistas

Así como existen mapas del amor armados por las experiencias de sobreprotección (temor al afuera), también existe la sobrestimulación de las emociones. Si la idea del bebote "gordito y rozagante" ya no cuadra tanto con los tiempos actuales de alimentación y peso controlados, esta ha sido reemplazada por objetos que el niño debe tener para ser más feliz. Los juguetes cada vez más sofisticados, la tecnologización infantil (de la que se habla menos que de la medicalización de la infancia), la erotización de los cuerpos infantiles (ropa, poses, figuras de los medios, selfies, música, etc.), provocan una expansión precoz del mundo interno del pequeñx. El afuera es una fuente de estimulación constante; sumado a esto, madres y padres exponen a sus hijxs en una vidriera especial que marca las diferencias entre la excelencia de la misma y la mediocridad de las otras. Esta estimulación permanente sobre los cuerpos de los pequeñxs y el refuerzo afectivo que tal mecanismo conlleva, subyace en la vida adulta en forma de rasgos narcisistas, histéricos o en forma de labilidad emocional. La inmadurez necesita de la mirada y de la satisfacción proveniente del medio como en un principio. El amor patológico de los sujetos con rasgos narcisistas convierte al otro en un objeto utilitario: "estás conmigo para que adules, para reforzar mi auto valía, para saber que sos un objeto que puedo descartar y valerme solo; pero aun así te necesito". ¿Y por qué el otro permanece? Las personalidades inmaduras (histéricas, narcisistas, inestables emocionales, etc.) son simpáticas, carismáticas, divertidas, dan una imagen de desprotección y fragilidad que inspira sentimientos de cuidado. Hay que agregar otro aspecto que refuerza el enganche y es la seducción y el comportamiento sexual. Este tipo de "amor loco" es adictivo y busca *partenaires* que bailen al son de una melodía cambiante, agotadora, pero en el fondo estimulante. Las personas aprenden que luego del sufrimiento vendrá el anhelado encuentro (sexo, lágrimas, promesas de cambio) hasta que todo se reinicie, y así hasta el agotamiento. La relación como interacción entre dos personas, con objetivos comunes, se convierte en una pelea de yoes sufrientes, necesitados de estima, que buscan alguna forma indirecta de redención.

Amores violentos

Mención aparte merecen las personalidades con rasgos violentos o antisociales que someten al otro de diferentes maneras, hasta la humillación y la muerte. La codependencia se basa en las mismas premisas que las anteriores, solo que en estos casos el psicópata obtiene la estimulación del otro sufriente. El amor enfermo precisa de pasión, de fogosidad sexual, de la violencia implícita en cada gesto, en cada palabra. Las personas que viven en esta locura de relación están siempre desbordadas por las emociones: se sufre por la presencia pero también por la ausencia del otro. Los intentos para que la razón medie son infructuosos. Las emociones pasionales son las reinas indiscutidas en este tipo de vínculo. Y aunque se describa la situación con detalles (son plenamente consciente de lo que sucede) sienten que cualquier recurso de control fracasará ante el reclamo psicopático del otro.

Las relaciones codependientes

La codependencia tiene como ligazón la cobertura mutua de carencias afectivas. Muchas de estas carencias se producen durante la niñez por privaciones, violencia, abusos, y por el exceso de protección. Estas relaciones necesitan imperiosamente que el otro esté presente, no importa cómo, pero que esté; por presencia, por el miedo a estar solos, lo que se denomina "ansiedad de separación". No están unidos por amor, sino por la desesperación de verse solos e indefensos. Para los miembros del vínculo se les hace difícil poner en palabras qué es lo que los mantiene unidos, aun cuando entre ellos medie la violencia. Existe "un enganche" que supera las palabras o cualquier explicación racional. Son sentimientos que se convierten en insaciables, aun así, la presencia del otro no es suficiente para calmarlos. La persona dependiente reclama una presencia que el otro no puede satisfacer; esto provoca conflictos permanentes; llegar a esos extremos de discusión son mecanismos que se reiteran y solo consiguen una serenidad fugaz. El sufrimiento abunda ocupando el lugar del amor. Las personas codependientes no saben vivir de otra manera, provocan el conflicto cuando el otro no cumple con sus pedidos. En su relato, la frase repetida es: "no puedo dejarlo, lo amo demasiado" o "me desespera pensar que no esté conmigo". Esta forma de relación suele comenzar como un fuerte enganche pasional, propio de los primeros meses, hasta que se va convirtiendo en una constante; la pasión se torna necesidad imperiosa. Si el amor es independencia de las partes, en estos casos todo está mediado por el control del otro.

La codependencia abunda en diferentes áreas: las madres no dejan en libertad a sus hijos y estos eligen vivir bajo sus alas; el empleado se vuelve obsecuente soportando el acoso laboral; la amiga se enoja porque nadie la entiende, etc. Estos y otros tantos ejemplos dan cuenta de que la dependencia ocurre en otros vínculos, quizá con conductas más solapadas. No obstante, es en las relaciones amorosas en las que observamos los mayores grados de dependencia y las consecuencias más graves. Las codependencias parentales pueden no necesitar de la presencia del otro como sucede con las amorosas: el otro está internalizado ejecutando su accionar desde el mundo interno. La persona actúa según las líneas fijadas por alguno de los padres (o por los dos) sin poder transgredir estos mandatos ni cuestionarlos. La mayoría de las veces no se da cuenta de que sus pensamientos y modos de acción responden demandas parentales y tienen que ser satisfechas antes que nada; los proyectos personales quedan postergados por la obligación impuesta de complacer al otro.

Amor saludable	Amor dependiente
Sentimental	Pasional
Hay deseo	Hay impulso
Sereno	Ansioso
Empatía	Individualismo
Armonía entre emoción y razón	Desarmonía
Autonomía	Dependencia
Control	Descontrol
Libre	Posesivo
Sin reproches	Con reproches
Se aceptan diferencias	No se aceptan
Se acuerda en los desacuerdos	Condescendencia.
El conflicto no compromete la relación	Siempre sacude la relación.
Capacidad para resolver las crisis	Incapacidad
La crisis no se recicla	Se reciclan continuamente
Sexo compartido	Dominación/sumisión
Los conflictos afectan el sexo	Encienden el sexo
Hay respeto mutuo	No existe respeto
No hay conductas machistas	Se naturaliza el machismo
No hay estereotipos de género	Existen estereotipos
Los conflictos son privados	Los conflictos son públicos
Se preserva a los hijos	Se expone a los hijos
Hay juego y libertad	Hay tensión y encierro
Superación de conflictos infantiles	No superación

Mañana digo basta

Casi como dice la protagonista de la hermosa (y olvidada) novela de Silvina Bullrich publicada en 1963 muchas mujeres desean decir "Basta" a tantas imposiciones que pesan sobre el género. El amor de pareja, el matrimonio, los embarazos y partos, la crianza de los hijos, salir a trabajar y, al mismo tiempo, organizar la vida del hogar. Y, por sobre todo, no olvidarse de ser mujer: preparada, amable, sumisa o independiente; seductora, sensible, fogosa, condescendiente, atenta, etc. Son tantas las demandas sociales sobre los cuerpos de las mujeres que las ansiedades y cuestionamientos aparecen en algún momento de la vida. Y he aquí un gran avance respecto a décadas atrás, cuando no era posible la reflexión y menos que menos la toma de decisiones basadas en el cansancio, el hastío, las postergaciones y los olvidos. Las mujeres hoy dicen "basta" a tantos siglos de encierro y de obediencia. En estos tiempos, la sofisticación de la vida hogareña sirve de pantalla para que en el fondo sigan sucediendo las mismas cosas, pero las mujeres hoy saben que pueden rebelarse y salir adelante solas. Y si se guardan, lo hacen porque no pueden o la comodidad de la vida doméstica es más fuerte que cualquier intento de ruptura. Decir "basta" no es condición de un corte total con lo conocido (aunque algunas se animan a hacerlo) es reconocerse dignas de una vida mejor, que las incluya en sus deseos, necesidades y derechos. Muchas veces el decir "basta" llega después de haber cumplido con las etapas esperables para el género femenino: formar pareja, casarse y tener hijos. El deseo de ser madres sigue siendo uno de los deseos más fuertes signados por la sociedad. Después de esta condescendencia es cuando las mujeres se sienten preparadas para cuestionar los estamentos que las sometieron en un principio. ¿Por qué esperar a que llegue ese momento, por qué no antes, cuando siendo adolescentes ya se vislumbra que el futuro está acordado de antemano? Las mujeres jóvenes estudian, trabajan, viajan, hacen masters; el nivel educativo influye para que las aspiraciones personales tengan objetivos más complejos y de mayor desarrollo. Sin embargo, estas mismas mujeres, cuando llegan a realizarse, comienzan a sentir que tienen una deuda pendiente con el hogar y la maternidad. Bien diferente es el caso de mujeres de medios populares, con nivel educativo bajo a medio, que desde niñas saben que su vida está signada por el trabajo, la casa, los hijos y la pareja. La construcción de la subjetividad de género dependerá entonces no solo de las reglas generales del medio cultural, sino y fundamentalmente, por la condición socioeconómica y la etnia.

Para una mujer, "Mañana digo basta" suele convertirse en una meta muy difícil, casi imposible. Algunas lloran en silencio, otras esperan que ocurra el momento "mágico" de la liberación; otras se convencen de que adaptarse es lo mejor que pueden hacer para no sufrir. En fin, cada una elige la forma en que quiere vivir, pero que sea a conciencia, "elegida a conciencia".

A los hombres también les cabe el sayo del "mañana digo basta". Si bien es una frase común a muchas mujeres que ansían un cambio en sus vidas, los varones también lo desean. Precisan sacarse de encima el peso de la virilidad que les exige "ser machos", esto es: proveedores, ejecutivos, organizados, con metas de desarrollo, activos, asertivos, jactanciosos, sexuales, con una potencia a toda prueba. En el consultorio escucho el discurso clásico de la masculinidad centrado en el desarrollo laboral y profesional además de ser competente cada vez que salen al mercado de la conquista. El relato debe abundar en éxitos o por lo menos "estar trabajando en algo rentable". La virilidad requiere estar dentro del mercado laboral, sobre todo si brinda solvencia y status social. Así como las mujeres de hoy cumplen con las etapas esperables de la propia realización, además de ser esposas y madres, los hombres se someten a trabajos extremos convirtiéndose en objeto de manipulación laboral. Muchas empresas los convencen de que son parte imprescindible, y los llenan de halagos, y a la hora de hacer recortes, o por la edad avanzada, el supuesto sujeto imprescindible, de un día para el otro, se convierte en un objeto de descarte, una cifra arreglada por la oficina de personal o de legales. Si para las generaciones pasadas la idea del trabajo estaba asociada al sacrificio, en la actualidad, la meta es sentirse incluido en un sistema de competitividad y éxito, sobre todo en medios urbanos con buen nivel educativo. Las nuevas generaciones gastan en objetos para cumplir con las exigencias de las sociedades urbanas y hasta los que se rebelan terminan cayendo en el mismo discurso. Los hippies de antaño son los gurúes de la economía, o se han convertido en consultores para el desarrollo de liderazgos. No hay contracultura que rompa con lo establecido. Las mismas acciones que se presentan como revolucionarias, no lo son. "No hay nada nuevo bajo el sol". Hay una serie de gestos que pretenden entrar en la categoría de novedosos, originales, disruptivos, cuando en realidad son una mascarada de las mismas acciones de siempre. Llega un momento de replanteo en la vida de los varones: "qué hice, cómo lo hice, qué quedó en el camino". Si nuestros abuelos sentían satisfacción por el deber cumplido, hoy los varones maduros se cuestionan por haber transado los mejores años de la vida por un puñado de éxitos, entre las cuatro paredes de la vida formalizada.

La prolongación de la expectativa de vida permite sentir que aún hay ganas de seguir y se rechaza toda renuncia a la actividad. La llegada del Viagra ha significado para los varones un gran cambio, asociado a la vitalidad, las ganas y la capacidad para disfrutar. Los hombres maduros no quieren estar inactivos en ningún aspecto, ni corporal, ni afectivo, y mucho menos sexual. Quieren seguir trabajando, escalando en status social, adecuarse a las modas, conquistar mujeres más jóvenes y no ceden ni una minúscula parte de la tranquilidad conseguida después de fracasos amorosos.

Los varones maduros que consultan por pérdida de la erección ganan confianza con la pastillita azul, tanto los que tienen patologías orgánicas o por factores psicológicos. La confianza en los hombres maduros es un factor crucial, mucho más en aquellos que salen de nuevo al ruedo de la conquista. Temen no estar a la altura de las demandas femeninas. En este contexto actual, se cuidan para no exponer su virilidad si no están seguros, pero no hacen lo mismo con la seducción; han aprendido a desplegarla y así conseguir más seguridad sin tanto riesgo.

Si las mujeres dicen basta y se abocan a cumplir con sus deseos, no quieren encontrarse con hombres que seducen y prometen, cuando en realidad esconden la decisión del no compromiso. Más allá de esta dificultad, no se puede hacer de la sospecha un hábito cada vez que aparece un candidato promisorio. Las relaciones nuevas requieren cautela y dejar las ansiedades de lado, sobre todo cuando la tecnología avanza para incrementarla. Los hombres deberían generarse otra fuente de confianza que no solo esté basada en actos que estimulen la virilidad y por consiguiente la estima. Decir basta es poder elegir entre varias alternativas, incluso ser solos y aceptar que puede ser un modo de vida.

Parejas maduras & parejas infantiles

La idea de madurez es un concepto situado en lo social como un valor y deseado como criterio en la elección de la pareja. Son signos de madurez la comunicación franca, la flexibilidad para aceptar la historia y los tiempos del otro; el poder acordar cuando existen diferencias, aun las más difíciles de superar; la plasticidad para no entrar en la rutina sexual y proponer variantes; el sentido del humor; hacer uso de las capacidades de cada uno para afrontar las crisis y no quedarse en el intento o en la angustia, por citar las que creo más importantes. Madurez por lo tanto es respeto mutuo y flexibilidad adaptativa. Sin embargo, muchas parejas creen que la madurez es solo cumplir con las normas que la sociedad espera de ellas: trabajo, complementariedad entre las partes, construcción de un hogar y de una familia, adaptarse en forma rígida y repetitiva a la cotidianeidad y la rutina. Estas parejas que se suben al podio de la "madurez" harán gala de la corrección y la obediencia a los estatutos sociales dejando de lado los propios cuestionamientos y el deseo de que algo cambie en sus vidas. Si bien los movimientos en las estructuras de género están dando paso a un pensamiento crítico, o por lo menos a replanteos de los roles de género, todavía hay mucho por recorrer.

La idea de que la pareja es complementaria ha dominado el imaginario de los amantes que se unen para acompañarse en "la salud y en la enfermedad". Este concepto de que la pareja "debe complementarse" lleva al equívoco de pensar que la esencia es la falta que el otro completa. En realidad no existe ninguna falta, ni el vínculo amoroso ni el amor completan ninguna falta. En todo caso son dos personas diferentes, cada una con su forma de ser, con una historia personal, que desean unirse, siendo esta unión dinámica y pasible de ser modificada. Si creemos que la madurez es haber encontrado la "media naranja" estaremos aceptando una falta que la otra mitad completa. Una pareja madura es par, defiende la igualdad; la paridad es la regla que sostiene el vínculo. Y esta paridad no debe ser confundida con la distribución de roles y de actividades para encarar el noviazgo o la convivencia. Por lo tanto, en una pareja "madura" cada uno se nutre de sí mismo y del otro. Cuando uno de los miembros, o los dos, posterga, anula o reprime sus deseos personales para cumplir con las demandas del otro, esta omisión tarde o temprano traerá sus consecuencias. Además, hoy en día, las personas tienen mucho más claro cuáles son sus deseos, por lo tanto, si la opción es demorarlos por otras metas, querrán retomarlos en algún momento. A la hora de elegir, las demandas sociales siguen jugando un papel muy importante sobre las personas, sobre las mujeres aún más. Decidir no ser madres o postergar la maternidad, defender sus derechos, los espacios y filosofía de vida, son temas que muchas veces no se comprenden desde la supuesta "mentalidad madura" como estamento de corrección social.

Las parejas maduras se identifican por:

• Comunicación abierta y sincera.

• Apertura y respeto hacia el mundo del otro.

- La esencia de la pareja es la simetría, es decir, la paridad.

- Acuerdo democrático para repartir actividades y la economía del vínculo.

- No aceptar el control, reclamos, demandas y mucho menos situaciones de violencia.

- Acordar o respetar los desacuerdos.

- Romper con la rutina en general y la sexual.

- Dejar espacios para la intimidad.

- Asumir las responsabilidades sin hacer cargo al otro de las mismas.

- Mantener y defender el sentido del humor.

Parejas inmaduras

Así como la idea errónea de "la madurez" remite a que la pareja, por el hecho de serlo, debe asumir responsabilidades a costa de cualquier adversidad, la inmadurez dentro del imaginario social evoca a jóvenes que no quieren tomar ningún compromiso apostando al *laissez faire*. En todo caso, serán parejas que se alejan del molde cultural y construyen su propio estilo de funcionamiento. La inmadurez es otra cosa. Muchas parejas se aman pero no saben cómo traducir el amor en acciones sostenidas en el tiempo. Las emociones y los sentimientos tiñen el vínculo y, por ende, no dejan que los pensamientos se organicen tratando de orientarlos por un camino más saludable. La inmadurez no es falta de racionalidad, es considerar (en forma consciente o inconsciente) que el otro debe completar una falta siempre existente y nunca saciada. El resultado de este estado de insatisfacción es la demanda, la dependencia, la posesión y el control sobre la vida del otro. Los vínculos inmaduros pierden la esencia de paridad, convirtiéndose en desiguales. Este tipo de relación lleva a depender del otro y a exigir que el otro siempre esté, incluso bajo presión o amenaza. También observamos la dinámica contraria: uno de ellos, o los dos, son muy independientes y nadie quiere ceder nada con el fin de tener algún proyecto en común. Tanto por necesitar del otro, como por defender lo propio, el vínculo no encuentra la forma de lograr cierta armonía.

Las parejas inmaduras se identifican por:

- La comunicación se vuelve escasa, limitada a las situaciones de crisis.

- Disociación entre el afecto y los comportamientos. Se ama pero no se puede expresar en conductas de unión.

- Se le pide al otro más de lo que está dispuesto a dar.

- Las emociones superan cualquier intento de racionalidad o de control sobre las mismas.

- Los celos, la necesidad de saber y de controlar, hacen daño a la confianza y mantiene al vínculo en estado de "alerta".

- Pretender estar en pareja pero no asumir el más mínimo compromiso.

- Los desacuerdos siempre provocan crisis.

- Se dejan de lado amistades o proyectos personales porque el otro lo pide, o la parte cuestionada cede por temor a perderlo.

- Uso del sexo para dirimir crisis que no se pueden solucionar de otra manera.

- Se niegan los conflictos en pos de seguir estando juntos.

Audacia y miedo

Por Walter Ghedin

Para Santo Tomás la audacia está relacionada con la esperanza ya que gracias a ella superamos los temores que impiden la realización de los deseos. Además diferencia dos tipos de audacia: la espontánea y la deliberada. La primera surge de la inmadurez y la segunda de la madurez. La audacia es una de las pasiones cuando aparece con la intensidad de la urgencia y se convierte en un sentimiento cuando pensamos en su intervención y en los resultados de la misma. La audacia convive con su sentimiento contrario: el miedo. También el miedo se siente en una dimensión que va desde el extremo saludable (nos ayuda a la preservación) hasta el miedo paralizante como aparece en las fobias. En el medio de esta dimensión, la audacia y el miedo conviven según la situación que se presente. El umbral que determina el temperamento nos vuelve temerosos o audaces, sin embargo, siempre es posible hacer cambios en esta base temperamental para que la adaptación sea efectiva.

La aventura de crecer

Los pequeños no tienen conciencia del riesgo. Somos los adultos los que creamos un entorno de protección para que el niño se aventure en él minimizando los riesgos. Aun así, el control debe existir para que no corran ningún peligro. La experiencia de niños con escaso control de los adultos, o aquellos que han tenido que pasar por condiciones extremas, demuestra que existe una fuerza interna de supervivencia que los preserva. Las sociedades crean formas de contención para que el desarrollo de nuestros hijos sea más seguro. Los medios urbanos se han convertido en verdaderos espacios donde la vida infantil está resguardada al extremo. La inseguridad de los espacios abiertos (con sus peligros reales e imaginarios) es una de las trabas para el juego abierto y libre. Serán los medios rurales, o aquellos que tengan un control perimetral como los barrios cerrados o los countries, los que brinden alguna seguridad a los peligros emergentes del contacto externo. El barrio de antes, con la libertad de las veredas y los juegos que en ellas sucedían por doquier, ya no existe. Por lo menos en lugares donde la urbanización y sus consecuencias ha echado raíces. Pero si el barrio es un medio sospechoso, no quedan más que pocos espacios para el juego y para la aventura de la audacia.

El juego es una función fundamental en la vida de todo niño en desarrollo y de toda persona adulta curiosa y libre. Sin el juego, el conocimiento del mundo se limitaría a unas pocas cosas, aquellas que solo se pueden asir por los estrechos caminos que trazan los adultos. La infancia necesita de una amplitud de opciones para ser descubiertas. Sin ellas, la percepción se limita a unas pocas cosas del mundo circundante. Pensemos que esta etapa es decisiva para darle sentido al presente y vislumbrar el futuro. Pensemos también en cómo la atención de los pequeños se focaliza en televisores y demás pantallas porque la vida de los padres debe discurrir sin estorbos. La aprehensión del mundo no puede provenir únicamente de lo externo que de por sí es limitado, debe surgir de la sinergia entre la acción caótica, desordenada y lúdica que nace en el propio organismo; de la mano de la educación y de las condiciones que impone la cultura y la sociedad. Si es así, funcionará en equilibrio.

Los niños inquietos

Los niños son pura emoción y acción. Si pudiésemos "mirar" en su interior veríamos emociones cambiantes, desordenadas, y un conjunto de fuerzas o pulsiones que se dirigen hacia el exterior con el objetivo de ser colmadas o de recibir alguna satisfacción. De racionalidad, poco y nada. A medida que crecen, las pautas sociales y el criterio de realidad, ayudan a organizar el caos interno, permitiendo una adaptación efectiva y cambiante según las etapas madurativas. Los padres educan, ponen límites, trasmiten sentimientos (en algunos casos tan cambiantes como los de los pequeños), guían y acompañan el proceso de crecimiento. Sin embargo, hay niños que no pueden contener la inquietud, se rebelan a las demandas parentales y tienen problemas en el aprendizaje. Ante este problema, es fundamental que los padres estén dispuestos a revisar y cambiar comportamientos para contener los arranques de los hijos. Muchos adultos creen que "gritando" más que sus hijos, van a conseguir tranquilizarlos;

otros proyectan en ellos, la incapacidad para solucionar problemas de pareja o de familia. Existe una tendencia actual a convertir en patologías comportamientos infantiles reactivos a situaciones del entorno. Una buena evaluación por parte de profesionales idóneos permitirá diferenciar las conductas esperables de posibles síntomas o trastornos mentales.

Trastorno por déficit de atención (ADD)

Es uno de los trastornos que más ha crecido en los últimos años, lo que pone en duda la precisión de los criterios usados para diagnosticar. Hoy, muchísimos niños con "problemas" son calificados de ADD con tanta liviandad como impericia para diferenciar lo normal de lo patológico. Y muchos padres reciben el diagnóstico con una tranquilidad sospechosa: se sienten liberados de culpa. ¿Si hay una palabra que nombra y una pastillita que cura, por qué pensar que el problema está en la familia?

Algunos datos del ADD

Las cifras revelan que el ADD se presenta en 4 al 12% de los niños entre los 6 y los 12 años de edad. Los varones superan a las niñas en una proporción de 4 a 1. Los síntomas se expresan con más claridad a los 3 o 4 años, marcando diferencias en el comportamiento con los compañeros de iguales edades. No es un trastorno limitado a la niñez, se prolonga a la adolescencia y a la edad adulta (un 63% de adolescentes con ADD continúan con síntomas en la adultez). Con el paso del tiempo, disminuye la hiperactividad, persistiendo el déficit atencional.

Los niños que padecen el trastorno tienen una significativa dificultad para prestar atención o concentrarse en una tarea. Además del problema en la atención se suma la hiperactividad. Se los describe como inquietos, excitados, movedizos, impulsivos, no escuchan a los demás o se adelantan al discurso del interlocutor. Es muy probable que la tríada atención laxa, hiperactividad e impulsividad le ocasione serios problemas en el aprendizaje y en las relaciones interpersonales. Los niños se sienten frustrados por la poca asertividad social y baja la autoestima. Son dejados de lado por sus compañeros, reciben penitencias de parte de padres y maestros y finalmente no pueden con ellos mismos. El coeficiente intelectual se encuentra dentro de los parámetros estándar para la edad. Los problemas de aprendizaje resultan de la constante distracción, la inquietud y las conductas impulsivas. Es fundamental que se efectúe una evaluación profunda de la interacción familiar, de los roles parentales y de la capacidad de los adultos para contener las conductas disruptivas.

Adultos infantes. Niños eternos en la sociedad actual

Para los jóvenes de generaciones pasadas (hasta la década del 80, aproximadamente), la madurez era sinónimo de vida adulta responsable. Apenas cumplida la mayoría de edad había que salir a estudiar o trabajar para dejar lo más rápido posible el espacio familiar. Tenían que forjar su propio destino, mirar hacia adelante, aprender de la experiencia y cumplir con las normas esperables para todo adulto:

trabajar, casarse, tener hijos. El tiempo y una sociedad cada vez más selectiva (y despiadada para los jóvenes) han provocado modificaciones en los deseos de crecimiento. Ni el trabajo ni el amor son para toda la vida ni son símbolo de madurez. La tan mentada "madurez" de los adultos deja mucho que desear en un mundo lleno de codicia, violencia, diferencias sociales y aislamiento narcisista. Los infantes–adultos prefieren quedarse refugiados en el calor de la infancia que salir a enfrentar la adversidad. Si consiguen un trabajo será para solventar los gastos personales y para nada se les cruza pensar en proyectos ambiciosos a largo plazo. El amor tiene la fugacidad de la pasión, agotada ésta, se separan de sus parejas con tanta rapidez como duró el noviazgo (a comparación de los novios crónicos de antaño). Los cuarentones con alma de niños buscarán entonces jovencitas con quienes compartir sus ideales. Jamás lo harán para jactarse ante sus amigos o para recuperar algo de la intensidad perdida. No quieren convertirse en pende–viejos. No hay nada ficticio ni impostado en sus conductas. Desde su apariencia juvenil, el lenguaje, los códigos de comunicación entre pares, hasta la filosofía de vida que los mueve, todo es de una verdad absoluta. Continúan siendo niños eternos bajo una aparente adultez muy poco ortodoxa.

Hoy en día, diferentes nombres intentan categorizar este fenómeno de los adultos–infantes. Se habla de generación Ni–Ni (ni estudian ni trabajan); adolescencia prolongada; Síndrome de Peter Pan; "vagancia crónica", etc. Los padres intentan hacerlos reaccionar: hablan con ellos, les acercan propuestas, activan algún contacto que les brinde trabajo, los cercan con límites inútiles, hasta que al final bajan los brazos repitiendo la consabida frase: "ya va a hacer el clic".

Y pasa el tiempo y el famoso clic no llega. Las parejas se quejan por la irresponsabilidad adulta para con los hijos, aunque toleran la inocencia y la capacidad lúdica para estar con ellos. Los amigos de la infancia, del colegio, o las nuevas relaciones amistosas, tienen por lo general, los mismos patrones de conducta juvenil. Los amigos respetan los códigos de compañerismo, "buena onda" y solidaridad. Sus conductas, exentas de soberbia o competencia entre pares, se destacan por el lenguaje jovial y los gustos juveniles. La música, las películas, los pasos de baile, los recuerdos, remiten a etapas del pasado en las cuales brilló la felicidad. El bienestar del presente proviene del pasado, para nada se espera que el futuro sea más promisorio. Es frecuente también que los roles y los sobrenombres usados en la niñez sigan identificando al sujeto adulto: "es el ganador", "es el cagón", "es un nerd", "es un loser", "es el cinéfilo". En el imaginario del grupo no hay demasiados cambios: el héroe seguirá siendo tal, así como el perdedor será el romántico empedernido que sufre por amor, o aquel al cual la felicidad le es esquiva. El grupo de amigos funciona como un entorno protector que contiene el dolor y pone un freno a los términos de la adultez. Criticar o juzgar esta conducta como incongruente con la edad cronológica será considerado un despropósito imposible de tolerar. Ellos se muestran como se sienten.

Revisando causas

Existen diferentes factores que confluyen generando estos comportamientos sin metas de crecimiento en todos los órdenes. Los factores sociales y culturales son los más importantes ya que actúan sobre la subjetividad del adolescente como una fuerte presión externa. Los jóvenes de hoy se revelan a lo que se espera de ellos: no apuestan al futuro, quieren vivir el "aquí y ahora" con mirada de niños cuya única certeza se basa en "abran la puerta que quiero jugar". No quieren estar pendientes de los dolores del pasado ni del incierto futuro. Rechazan parecerse a sus padres, quejándose por todo o esperando un cambio imposible. Para ellos la única realidad es el presente, no quieren que sus vidas corran en pos de un ideal inalcanzable. Tampoco están dispuestos a canjear el disfrute, el ocio, los amigos, los amores, el sexo, por una vida llena de responsabilidades, en la cual hay que pelear por un mínimo de tiempo propio. El perfil bajo y la falta de aspiraciones futuras son una constante.

Príncipes sin proyectos

Hay en ellos un aire infantil que, amalgamado con la inocencia, se potencian para ser motivos de atracción. Ellos despiertan en las jovencitas las ilusiones que alguna vez, en la niñez, tomaron la forma del "príncipe azul", del hombre soñado que las elevaría al punto máximo del amor. Portan un aura de tranquilidad, de que la vida los conmueve sin provocar en ellos ansiedades, conflictos o insanas ambiciones. En la conquista se muestran transparentes; no hay nada que ocultar. La inocencia que trasmiten y la fuerte empatía, son suficientes para que las mujeres queden atrapadas. Ellas son las llamadas a brindar amor y amparo a estos hombres bellos de espíritu, con pocas ambiciones, sin destellos de ansiedades y con un compromiso de fidelidad a toda prueba. La historia personal será la que relatan, con sus aciertos y fracasos. Nada de dilemas o enrosques con otros amores, presentes o pasados. Ellos exigen simpleza y anulación de cualquier complicación innecesaria. Son sencillos, concretos, prácticos, no saben de posturas narcisistas o histriónicas. Las cosas por su nombre. Si estás con ellos, te entregás sin miramientos; así te responderán, con igual seguridad, firmeza y presencia constante; más no le pidas que tomen iniciativas, que sean mas ambiciosos, que se inquieten por mejorar. Ellos dirán: "¿para qué?, si está bien así", "si a vos te gusta, hacelo" o "decidí vos".

Sin duda, estos niños eternos se convierten en candidatos atractivos para mujeres que aspiran a conocer otro tipo de hombres, que salgan del estereotipo de macho dominante. Ellas resaltan la bondad, la inocencia, la lealtad, la confianza, la capacidad lúdica. En cambio cuestionan la poca ambición, el tiempo dedicado a los amigos y las dificultades para encarar decisiones como la paternidad. Así como existen mujeres que se sienten atraídas por este tipo de hombres hay otras que los rechazan. Están las que no entienden nada de qué se trata este tipo de conducta, y las que se enojan con ellos porque no les ofrecen resistencia. Las primeras son demasiado adultas: correctas, maduras, formales, las segundas son peleadoras, quieren demostrarles a los machos todo el poder que han adquirido. Las mujeres seguras de sí, independientes, con ansías de crecimiento, quieren machos aguerridos para competir con ellos como si fuera una pelea entre géneros para ver "quién la tiene más larga", o quién tiene más poder. Tanto una como la otra huyen cada vez que se topan con estos niños eternos. Ellos no tienen intención de mentir, no los mueve ninguna motivación dañina ni conducta manipuladora. Están tan alejados de los comportamientos manipuladores, histéricos, machistas de otros tantos hombres. Son fieles a su forma de ser; no desean aparentar ni hacerse pasar por hombres piolas y experimentados. Son las mujeres que se vinculan con ellos las que se "hacen la película". Ellas crean su propia ilusión, negando conductas por demás evidentes, elevándolas a la categoría de "raras virtudes". De pronto se sienten demandados por las mujeres, una rara mezcla de pedidos concretos y proyecciones varias, fundamentalmente por la frustración que produce el "darse cuenta" de que el hechizo de estos machos no es un "ardid de conquista", sino una sólida forma de ser.

¿Por qué necesitamos el límite?

Los adultos, así como los niños, necesitamos límites o controles internos que funcionan como reglas de supervivencia. Desde el afuera se implementan sistemas de control que regulan la propia vida y la convivencia social. El medio familiar, las escuelas, las leyes, crean normas que demarcan lo propio y lo ajeno e imponen sanciones cuando se transgreden. Así como los medios sociales hacen uso de reglamentos, cada uno de nosotros crea los propios con el fin de mantenernos vivos e interactuar con los demás. El angelito y el diablillo conviven en una puja constante o se convierten en compinches para el autoengaño. El principio del placer dirige la vida humana pero no siempre es congruente con la supervivencia, sabemos que existen infinidad de conductas que se hacen a conciencia y qua atentan con el cuidado de nuestro cuerpo y mente. Desde problemas con la comida, con sustancias (estimulantes, alcohol, drogas, psicofármacos), descalabros económicos, hasta exceso de trabajo, ansiedad por tener más dinero, relaciones conflictivas de pareja que se prolongan en el tiempo, etc. Cada uno de nosotros puede hacer una lista de aquellas cosas que nos hacen daño y seguramente nos daremos cuenta de que es más extensa de lo que pensamos. Pero tampoco la disciplina ni la regulación exagerada es la regla porque atenta contra la libertad y la obtención de un placer más espontáneo. Se puede hablar de equilibrio, de aprender a dosificar el placer, sin embargo suena también a reglas que hay que internalizar. Uno de los factores a tener en cuenta es la predisposición que tiene la persona para poner en riesgo sus sistemas de cuidado y, por ende, su salud. Existen personalidades que se activan cuando los niveles de ansiedad son altos aun sin usar ningún estimulante, con su conducta es suficiente, y se deprimen cuando están en niveles más bajos de excitación. El umbral de excitabilidad tiene una base determinada por factores innatos y otra que se adquiere por el entorno. A medida que llegamos a la adultez, nos damos cuenta de ese umbral personal y cómo se convierte en modos de reacción. Si el saber se hace consciente, también lo harán las maneras de control para que no excedan su punto de tolerancia y nos perjudiquen. A la hora de obtener placer, las jugarretas de la mente son infinitas; placer y ansiedad se mezclan de tal forma que es imposible separar una de la otra. Necesidad y deseo se funden en una dirección común en búsqueda de una meta que, además de ser efectiva, tiene que ser urgente, perentoria. Es en esta situación cuando los mecanismos de resguardo fallan, haciéndonos creer que lo que necesitamos y merecemos es lo que estamos persiguiendo cuando en realidad no sabemos si es así. Es difícil saber si se actúa desde un deseo o desde una carencia, pero algo podemos reconocer cuando la fuerza se hace urgente y no permite ninguna reflexión previa. Los hitos de la vida, tanto los felices como los desgraciados, nos ayudan a "parar y pensar", actúan como límites que reorganizan las vivencias, colocándolas dentro de diferentes órdenes de prioridades. Es frecuente escuchar que el nacimiento de un hijo, citando un ejemplo feliz, y otro no tanto como el diagnóstico de una enfermedad grave o un accidente, nos plantan frente a una experiencia única que se convierte en motivo de reflexión. En ambos ejemplos, lo que subyace es el contacto íntimo con la fragilidad humana, la que nos convierte en seres sensibles y pequeños frente a la enorme dimensión de la existencia. "No me merezco tanto", "por qué a mí", "a partir de ahora todo va a cambiar", "lo que vale es el aquí y ahora", "yo me lo busqué", "es una prueba que tengo que superar", etc. El discurso cuestiona la omnipotencia humana, creer que todo lo podemos, o que nada nos va suceder porque así lo decidimos ¿Pero es necesario llegar al límite? En algunos casos, sí. Los intentos de control que la persona moviliza pueden ser infructuosos y solo "tocar fondo" los hace reaccionar. Llegar a un extremo de gravedad no tendría que ser motivo de reproches o de cuestionamientos externos. Muchas personas ponen en el banquillo de los acusados al que sufre por sus excesos, como si los que acusan fueran la salubridad personificada. Ni las personas obesas, ni los abusadores de sustancias, ni el que falla por sus impulsos, quieren que se los acuse de pusilánimes, de descontrolados o débiles: quieren ser comprendidos, escuchados, contenidos. Tampoco las personas con cáncer tienen porque tolerar la famosa frase "vos te lo buscaste" o "vos te lo generaste", como si uno tuviera la llave que abre el cofre de las dolencias por "motus propio"; y además de sufrir por lo que les pasa "tienen que hacerse cargo" por ser parte activa de la injuria sobre su cuerpo. Sin duda las experiencias traumáticas provocan una brecha a partir de la cual es posible modificar aspectos centrales, por lo menos en lo que respecta a la imagen de superioridad que exagera el espíritu humano. Quizá la respuesta sea la humildad y la empatía. Somos tan proclives a subirnos al caballo que nada ni nadie se animaría a interponerse a la marcha triunfal. Y aunque la conciencia nos informe lo contrario: riesgo, egoísmo, descuido, ambición, celos, venganza, manipulación, engaño, etc., los oídos se cierran al pedido de cautela para dar paso a los sonidos de un galope ingobernable.

El niño interior

Los adultos hacemos a diario infinidad de cosas sin pensar en ellas, reproducimos como autómatas las mismas acciones, con más o menos cambios, hasta que un nuevo evento sacude el orden de las cosas. Y allí, en una decisión aventurada, en el asombro, en un impulso, en la alegría repentina, en un capricho o una rabieta fugaz, aparece ese niño que fuimos. En algunos, el niño está cerca de la superficie, en otros se esconde en la profundidad del alma. Pero desde algún lugar nos dice: aquí estoy. Sin embargo, la tan mentada frase: "maduro y responsable" está al acecho, vigilante, seleccionado los pensamientos y las emociones para volverlos al lugar de la corrección social.

La madurez saludable

Los seres humanos, como todo ser vivo, se desarrolla y madura en un entorno que le provee nutrientes. La influencia del medio es fundamental en la construcción de la personalidad, sobre todo en lo que respecta a morigerar y moldear los impulsos primigenios y convertirlos en conductas más o menos adaptadas a las normativas externas. Un niño no puede ser responsable de su propia vida ni de la ajena, necesita de figuras parentales que le brinden alimento, afecto, seguridad y un marco educativo mayor que aporte valores sociales y culturales. Con el paso del tiempo, y si se dan las condiciones adecuadas (en el orden biológico y anímico), el niño gana en autonomía resolviendo la dependencia primaria con los padres. Ser uno, singular e independiente representa el paso más importante para definir la madurez saludable hasta lograr un estado de evolución personal en el cual la libertad, la responsabilidad por lo que somos y queremos llegar a ser, sean las motivaciones esenciales. La madurez saludable, entonces, no es responder a las rígidas premisas del control social. Es la exaltación de la libertad como valor humano fundamental: decidir lo mejor para nuestro desarrollo y la sociedad toda. Construir la propia experiencia, respetar la ajena, ser empáticos, creativos, espontáneos; permitirnos expresar las emociones, aun aquellas que no son tan "bien vistas" por los demás, como el pesimismo o la rabia; sabernos frágiles y valientes, perezosos e intrépidos, egoístas y altruistas, son diferentes maneras de recuperar el niño que fuimos e integrarlo a la adultez. La madurez saludable, entonces, debe ser entendida dentro de un contexto mayor que incluya la responsabilidad individual y colectiva para un bien común. Si el niño está centrado en sus necesidades es porque el mismo, proceso de armado de la personalidad lo requiere. A partir de este conocimiento precoz que el niño tiene de sí mismo se puede expandir hacia el entorno haciendo propio los objetos y las personas significativas que lo conforman. La confianza básica resulta de afianzar ese prematuro mundo propio para luego poder ampliarlo con lo que internalice del afuera. En este movimiento del Sí Mismo y de los Otros la personalidad recibe dispensas de uno y de otro lado. Necesitamos de nosotros mismos y de los demás para desarrollarnos. Si el niño precisa de esta dinámica como esencia la naturaleza vincular, se supone que en el adulto este niño simbólico está necesitando de similares refuerzos. Pero somos tan omnipotentes los adultos que en algún momento creemos que "ya sabemos todo" y que nada nos va a sorprender.

¿Madurez patológica o inmadurez?

En la madurez patológica la disociación entre el niño que pugna por salir y las normas adultas de control son causa de conflicto subjetivo. Una y otra pelean por tener el primer lugar en la vida de la persona. En esta instancia poco feliz el Yo tendrá que mediar entre un niño interior rebelde y un adulto interior autoritario. No es posible integrarlos en armonía: la rivalidad supera cualquier intento de tolerancia.

Si gana el primero, "el niño interior" se volverá susceptible a todo, y a pesar de aparentar independencia, estará buscando constantemente el límite o la aprobación externa. Si gana el adulto sucumbe "el niño interior", volviendo a la persona llena de miedos, obsesiones; valiéndose para su subsistencia de esquemas rigurosos que le provean alguna seguridad. La pérdida del "niño interior" es un gran vacío. Y el vacío siembra más vacío, falsos conceptos sobre la vida en general, banalidad y fugaces premisas de crecimiento. Pensemos en este cuadro de situación y cómo serán las personas que nos sucedan. Si los tiempos no cambian, si no hay conciencia del grave declive que sufren las fuerzas humanas más nobles, las instituciones creadas para "control" tomarán el mando. Si el hombre actual transformó su "niño interior" en un déspota, un tirano que solo piensa en sí mismo y desprecia la vida ajena; si por cada acto solidario hay miles de actos egoístas; si la fortaleza interna se convierte en acción violenta, entonces la inocencia infantil que debería permanecer en el adulto se perderá para siempre.

Mi mundo privado

Cada vez más necesitamos poner un límite para delimitar lo que corresponde al mundo propio y a lo que puede ser participado. Y me refiero sobre todo a la vida en pareja aunque puede ampliarse a otras relaciones. Es tan fuerte el concepto de que en la pareja "todo se comparte" que mantener y defender los espacios personales suele resultar en una seguidilla de desencuentros y conflictos. Primero debemos comprender que la privacidad es regla, sobre todo porque somos individuos que necesitamos de esa conexión con lo íntimo, haciéndose extensible a la reserva de lo propio. Si hacemos el ejercicio de pensar cuántas cosas quedan sin decir, sin exponer, sin convertir en discurso, nos daremos cuenta de que hay mucho que se guarda, no solo por no decir, por el hecho mismo de que el pensamiento precisa hacer una síntesis y prescindir de detalles innecesarios; además muchas veces ocultamos por pudor o para no preocupar al otro. Hay gente que oculta enfermedades, defectos físicos, hechos de su historia, pensamientos o fantasías vergonzantes, secretos familiares, gustos sexuales, relaciones paralelas, orientaciones sexuales diferentes, etc., y todo eso no dicho forma parte de su mundo privado. También están los que no dicen lo que quisieran, los que ceden a los deseos del otro, los que por no querer entrar en conflicto se guardan sus opiniones. Las diferencias de todo tipo pueden ocultarse bajo un cono de sombra solo para no perturbar el equilibrio de la relación. La tecnología introduce el dilema de respetar lo que cada dispositivo guarda o arremeter ante la menor sospecha de deslealtad. Los que son celosos pretender poseer todo del otro, cuestionando el derecho de resguardar los datos personales. En realidad en todo interés de saber del otro, de no dejar que se desarrolle libremente, subyace la necesidad de poseerlo, de convertirlo en objeto, de sacarle entidad de sujeto. Las personas celosas no toleran la autonomía ajena porque no pueden asumir la propia. Sin embargo, más allá de los celos, existen muchas conductas en las parejas que ponen en evidencia esta pulsión que pretende uniones cohesivas: cuestionar el tiempo libre, las actividades individuales, las reuniones con amistades, no dejar que el otro se desahogue o llore en soledad, querer saber que le dijo al terapeuta, que se le confió a una amiga, extrañarse porque las reacciones emocionales son de diferente intensidad, obligar a tener la misma opinión, o sorprender cuándo no sucede; reprochar al otro que no actuó en su defensa cuando era "lo esperable" que hiciera; etc., infinidad de ejemplos dan cuenta de cómo el mundo propio puede ser motivo de controversia. Es frecuente que frente a la inevitable diferencia de individualidades se pretenda "cambiar al otro", como si solo existiera una forma de ser. La idea de "normalidad", de que "las cosas son de ésta manera" es un imperativo que cuestiona la diferencia e impone el obligado correctivo. Los cambios generacionales actuales cuestionan la manera clásica de asumir que la madurez es trabajo, estudio, pareja, ansías de progresar económicamente; sin importar las dudas que conlleve. Hay que hacerlo. Pero la madurez de hoy no es la de antaño. Las nuevas generaciones de adultos no quieren ceder el espíritu joven que aún bulle en ellos, y aunque pasen los años lo defenderán disponiendo del tiempo para salir con amigos, organizar un viaje de estudios, o simplemente hacer actividades que gustan y no pueden compartirse con la pareja.

En este contexto de cambio, el concepto de confianza se está reformulando para incluir todas estas prácticas personales y que no implican la pérdida de la misma, muy por el contario, la incrementa, porque la persona en la medida que concrete sus aspiraciones personales ganará en bienestar y con ello contribuirá a que la pareja se afiance. Si antes la confianza (en el ámbito de las uniones amorosas) se basaba en "todo se sabe, todo se comparte", como un absoluto incuestionable, hoy en día nadie quiere someterse a ese designio; "ni todo se sabe, ni todo se comparte", es la regla. La confianza no puede estar basada en una imposición en la cual la intimidad, y la privacidad de los actos, quedan siempre expuestas al control del otro. Confianza ante todo es respeto mutuo y de la individualidad que somos.

Existen mecanismos de adaptación que dejan de lado lo propio en pos de contribuir a algún tipo de vínculo. Quizá las relaciones de pareja sean el ejemplo más palpable, pero también la de los hijos con sus padres tienen sus particularidades. La obligación moral y la imposición cultural pesan sobre la toma de decisiones. Por supuesto que bajo las mismas existen mecanismos de manipulación para que el otro siga estando bien cerca, con toda su intimidad expuesta, desnudo ante la mirada satisfecha de quien lo juzga. "Si yo estoy siempre para vos, pretendo que vos hagas lo mismo". La incondicionalidad esconde condiciones, y por añadidura aparece la culpa cuando no se cumple con las mismas. No existe bienestar pleno cuando se interpone una fachada que no deja ver los intrincados nudos internos de sumisión y pérdida de las libertades individuales. Por supuesto que toda relación es un acuerdo dinámico que debe contemplar lo que corresponde a la unión y lo que es de cada uno, entiéndase lo privado que es íntimo. Aquello que solo corresponde a nuestro saber.

PARTE 3

AUTOGESTIONAR LA FELICIDAD

Responsabilidad sobre uno mismo

Por Silvia Pérez

Existe una larga tradición que no sé cuándo ni cómo empezó, sobre todo en nuestro país, de acusar siempre al otro de lo que le sucede a uno. Al menos en primera instancia. Este hábito se basa en culpar al gobierno de turno, a la sociedad, a la familia, al novio, a la novia, al que más a mano se tiene, de lo que nos sucede. Y utilicé las palabras "culpar" y "acusar" porque rara vez nos remitimos a la palabra "responsabilidad". Sin duda este es un valor que hay que concientizar y luego practicar. Y aunque generalmente me remito a la educación, o más bien a la falta de educación en valores como causal de la crisis que vivimos, en este caso me pregunto si en tiempos lejanos habría más conciencia en los padres acerca de la responsabilidad. Por ejemplo: exigir a los hijos que trabajen, estudien y sean "hombres de bien". Sin obviar que en este mandato quizá existía falta de libertad o de discernimiento, presumo una responsabilidad ciudadana que hoy no vemos en muchos hogares donde los hijos perpetúan la adolescencia viviendo cómodos en la casa de sus padres y sin rumbo a seguir.

Debo confesar, sin embargo, que en este último tiempo me he topado con jóvenes muy valiosos, con nuevas formas de expresarse, de accionar muy creativos y con los pilares sentados en los valores eternos que nos constituyen. Y esto me entusiasma por momentos, y me incentiva a creer que hay una corriente genuina que corre paralela a la crisis que por ahora va ganando en desestabilizar la Tierra.

Entonces, por un lado estos chicos que ayer mismo, invitados a mi programa en Radio Nacional, me hicieron emocionar hasta las lágrimas cuando uno de ellos, el Misionero, cantó un rap o rapeó un tema que se llama "Hijo de la Soledad". Búsquenlo, escúchenlo. Hay un sentir ahí tan valioso sobre los niños de la calle, quienes no son responsables de estar ahí, de lo que sienten, de lo que les pasa Una mirada que nosotros, de este lado, no vemos y pasamos de largo. O, en algunos casos, hasta acusamos. Y otro artista que también viene de la cultura del hip hop y estuvo privado de su libertad y hoy lucha y aprende a ser responsable de sus actos, y contagia y agradece.

Por otro lado, los niños malcriados, a los que les hemos dado todo y mucho más que todo, y seguimos consintiendo mientras lamentamos cómo son. Lamentamos sus irresponsabilidades, sus faltas de respeto, de empatía, así como su apatía hacia la vida. Su falta de iniciativa al haber tenido tanto que ya nada les resulta apasionante o estimulante.

Y, en el medio, los que por momentos somos conscientes de la responsabilidad que tenemos en cada acto, pensamiento y palabra, y en otros la perdemos de vista.

A mí me costó mucho darme cuenta de que todo lo que me sucede en la vida tiene una razón, aunque a veces no sepa cuál es, así como todo lo que sucede en el mundo que, a mi entender, es producto de las acciones de los hombres. Acción y consecuencia es el axioma conductor de la vida en el planeta. Aunque sigue habiendo gobernadores, políticos y economistas que aseveran que lo que sucede en el planeta, no tiene nada que ver con nosotros y justifiquen sus actos en beneficio propio, ya sea económico o simplemente de poder, llegará el día en el que vivirán las consecuencias de sus acciones. El poder ha matado al hombre. La avaricia, la desmesura por obtener lo que sea, les ha hecho perder el sentido de vivir. Todos hemos pensado alguna vez, creo yo, en qué es lo que nos llevaremos de esta vida en el final Y también todos sabemos que nada material. Entonces, para aquellos que creemos que nos llevaremos las vivencias, los encuentros, lo que forjamos, los momentos atesorados en los vínculos, sabemos que vivir cada momento conectados a nuestros corazones, hace la diferencia

He aquí el valor inmenso de la familia, como siempre hablamos, y también de la amistad. Pero detengámonos en esto de la amistad hoy en día. Y tomo este ejemplo para resaltar la responsabilidad . Y hablo de la verdadera amistad que forjamos en nuestros corazones. Ni redes sociales, ni miles de seguidores en Facebook, Instagram, Twitter, constituyen la red de nuestros verdaderos amigos. Esos que finalmente se constituyen en familia ¿Por qué? Porque alimentamos esas relaciones con amor, con cuidado, con presencia, aconsejando o sugiriendo cuando están confundidos, perdidos. Y como consecuencia de esas acciones recibimos amor recíproco y distintas formas de retroalimentación que mantienen la relación. Quizá esto surge espontáneamente y por eso nunca nos detuvimos a pensarlo. Tomé este buen ejemplo porque muestra claramente cómo resultan las relaciones cuando uno se hace cargo de sus acciones. Claro está que, si lo paso al plano de la familia y comenzando por los hijos, nos encontramos con la tarea más ardua para generar un vínculo donde reconozcamos ser responsables. ¿Por qué tu hijo no hace caso cuando lo llamás para comer y está con la TV o con la Play, o te contesta mal, o no ordena su cuarto, o miles de preguntas más que se hacen hoy los padres? ¿Cuánto de responsabilidad tienen ellos y cuánta ustedes como padres? ¿Cuánta responsabilidad tiene un niño que no tiene otra opción que ir a trabajar a la calle y quizá después roba porque no tiene para comer, o no entiende las reglas de juego?

Todas estas preguntas me sirven para indagar, para hacer una introspección y darme cuenta de qué nos lleva a acusar. La ignorancia. Somos simplemente ignorantes. Ello impide responsabilizarnos de la vida que nos ha tocado siendo más cómodo estar enojado con la sociedad, con el mundo y no mirar la paja dentro de nuestro ojo. ¿Tiro la basura separada? ¿Cuido de no reaccionar cuando el otro me interpela? ¿No coimeo? ¿Grito? ¿Escucho? ¿Cuido? ¿Acuso? ¿Acuso? ¿Acuso?

¿Por qué?

¿Cuántas situaciones consideramos injustas? Yo también paso por ello. ¿Por qué tengo que seguir luchando a esta altura de mi vida para vivir? ¿Por qué los jóvenes no tienen mayores oportunidades? ¿Por qué los más ancianos no pueden vivir mejor? Miles de porqués sin respuesta. Entonces, o creo un micromundo donde pueda ver cada pequeña gran cosa a mi alrededor y construir a partir de ella, o vivo enojado, convencido de que el mundo es mi enemigo y el culpable de lo que me pasa. Yo, espontáneamente, siento en el latir de mi vida que soy yo y nadie más que yo quien debe actuar. De cada paso que dé, resultará el siguiente, y así sucesivamente. De cómo tratemos a la Tierra, de cómo tratemos al prójimo, de las acciones correctas que desarrollemos. Y no es nada fácil hacer esto, la tradición dice: levantá el dedo y acusá, y recostate aunque te pudras, total los demás tienen la culpa" .

Así que estará en vos, decidirte a ser lo que decís, pensás y accionás. Y lo mismo tu hijo. ¿Qué queremos para los niños y jóvenes de hoy? ¿Te lo preguntaste? ¿Qué tiempo de tu vida les das? ¿Qué reglas tienen que seguir para aprender orden, disciplina, amor incondicionalidad, respeto? Y por último: ¿para qué vivimos? ¿Cuál es el propósito de esta vida?

Sólo son preguntas. Y esta es la clave, la autoindagación. Porque al saber que somos nosotros los que estamos inquiriendo en nuestras propias acciones, la opinión viene de adentro y no de la acusación exterior. Entonces, aunque reconozco que hay que ser valiente para enfrentar lo que somos, se requiere aun de más coraje para tomar decisiones y encarar el rumbo de lo que consideremos "correcto". Es solo cuestión de provocar un cambio interno. Que el compás de la vida esté marcado por el latir del corazón y el respirar constante.

En mis épocas de juventud y de mucha popularidad, solía ser muy impulsiva, y creo que hasta me vanagloriaba de ello. Así provoqué dolores y heridas en algunas personas, y como consecuencia de esa se resquebrajaron vínculos que aunque terminaron unos y otros no, podrían permanecer en el tiempo en armonía. Sin embargo no son tan así. Hoy, que comprendo mejor las reglas de juego de la vida, acepto el rencor de algunos, que no soportaron mis elecciones, mi forma de decir y hacer, y me castigan. Sí, toman represalias impidiéndome la entrada a algunos lugares de trabajo, por ejemplo. Y más allá de que sea justo o injusto, me hago cargo de mi parte, y me abro camino por otros medios para poder desarrollar mis pasiones y amores por esta profesión. Por eso remarco en no detenerse a acusar y/o culpar, sino crear nuestro micromundo y seguir caminando.

Otro caso importante es mi relación con mi madre. Mi devoción y amor por mi padre, me hicieron desplazarla del ruedo. Sumando las dificultades que me generaron su incomprensión, su resistencia a mi carrera artística y muchos juicios de valor sobre mi forma de criar a mi hija, nuestra relación estuvo teñida de silencios o discusiones. Pero, amigos, mi madre, es mi madre, y ese lugar para mí es irremplazable. Así que, con el tiempo y la transformación que experimentamos ambas, nos fuimos acercando, y lo más interesante es que frente a cualquier situación triste, íntimamente dolorosa, quiero verla y estar con ella. Puede ser que le cuente lo que me sucede, o tal vez no, pero ella se da cuenta de que algo me pasa. Y cada vez que viajo, necesito llamarla antes, para que me dé su bendición. Quiero decir con este relato, que las dos asumimos nuestra parte de responsabilidad en la relación y pudimos crear un vínculo diferente. Sin charlas, sin conversaciones, con hechos.

Actualmente esto sigue una línea de continuidad. Pero en los comienzos de este darme cuenta, de este despertar que me llevó a saber que soy responsable de cada palabra pensamiento y acción, tuve ensayos fallidos. Un día, al concientizar la importancia que tiene el servicio, comencé a cocinar para los chicos pobres de las cercanías de mi barrio.

Fue un momento muy dichoso, sobre todo porque lo compartía no solo con mi hija, sino también con la empleada que trabajaba en casa en ese momento, cuyo esmero y dedicación para preparar los pastelitos y empanadas, me colmaba de emoción. Así, cada semana salíamos luego de cocinar y les repartíamos viandas a los más necesitados. Un día, en medio de la actividad, cuando me acerqué a un anciano a brindarle afecto y pasteles, me llegó al corazón el recuerdo de mi mamá. Y la pregunta: ¿acaso ella no necesita también afecto y, por qué no, un pastelito casero? Fue un segundo en el que me di cuenta de que todo comienza en uno, luego va a la familia y después llegamos a la sociedad. A partir de instantes muy chiquitos, a veces se revelan grandes cosas. Aun cuando comencé a llevarle canastas con verdura fresca que a ella le encantan, o tortas y pasteles, esto no lo sostuve en el tiempo. Ciertamente, en los comienzos de mi despertar tomaba actitudes extremas en relación a todo. Poco a poco fui dosificando hasta escuchar el latir del corazón y la respiración, y ahora me voy dejando guiar por ellos.

Sigo equivocándome, o peor, olvidándome a veces de la responsabilidad inmensa de amar y ver con amor todo. Pues sé que de esa manera es más fácil sobrellevar lo que venga. El amor nos une y nos iguala. Por eso, frente a las tragedias, nos solidarizamos y nos sentimos con la responsabilidad de ayudar a nuestros hermanos. Ahí también descubrimos que una catástrofe no discrimina edades, rangos sociales, ni culturales Afecta a todos y a cualquiera por igual Y eso nos hermana espontáneamente. Frente a los temblores de la tierra que se vienen produciendo en forma brutal últimamente, ¿qué nos sucede? Nos tiembla el corazón. A toda la humanidad. ¿Acaso el sacudón del planeta intenta sacudirnos y sacarnos del letargo de creer que son los demás los responsables de lo que está sucediendo en todos los órdenes de la vida? Fíjense cómo hubo una respuesta solidaria global en estos casos extremos de terremotos y huracanes. Pero hay que sostener esta actitud. Y solo se lo puede hacer a partir del amor sustentable. El amor que nos sostiene. El amor nos guía a sostener la vida y a responsabilizarnos de los hechos. Nos une para actuar en consecuencia y cuidar la naturaleza de la cual formamos parte los seres humanos.

Hoy parece que la unidad ha desaparecido por completo, en todas partes, y que la enemistad va en aumento. Estemos atentos a no desarrollar oposición ni diferencias entre nosotros, dondequiera que estemos. No es sano. Incluso, si alguien nos hace enojar, no peleemos con esa persona. Al reñir con otros, en realidad nos hacemos daño a nosotros mismos. Por lo tanto, busquemos la unidad y practiquemos vivir en unidad, en todo aspecto. Si controlamos los pensamientos, podemos escuchar el corazón. Esta es la cualidad de una persona verdaderamente educada.

Quien no toma responsabilidad sobre su vida, jamás realizará su viaje en paz.

¿Es un deber vital cuestionar la existencia?

Vaya pregunta, ¿cierto? Antes de sentarme a escribir y volcar mis pensamientos y sentimientos, le hice esta pregunta a un par de personas. Más allá del impacto que percibí en ellos, me encantó ver la forma en que nos defendemos de lo que nos sorprende o descoloca. Las respuestas variaron desde "No, para nada… ¿para qué cuestionarse? la vida es la vida…" hasta "Obvio, ¿para qué vivir? Pero, si uno decide no vivir, ¿por qué te van a cuestionar? ¿Por qué tengo que aceptar la vida?". "Qué raro", pensé. Pero claro, tirar esta pregunta así como así sin más, es alarmante. Porque, en general, venimos tan armados de conceptos, ideas y deberes, que sorprende algo que nos haga pensar, o más aun descubrir, qué nos produce ahí dentro en el corazón. En algunas entrevistas que hago en la radio, suelo preguntar a los invitados: "¿Cuál creés que es el propósito de esta vida?". ¡Wow! Y ahí no puede haber mucha pausa, pues estamos en un programa. Lo más sincero que escuché como respuesta un par de veces fue: "Bueno, es una pregunta muy profunda…". Y casi siempre continúan hablando de la construcción de los momentos de felicidad y disfrutar lo máximo posible. Me sorprendió el gran actor Hugo Arana cuando, al preguntarle qué amaba por encima de todo, hizo una pausa para decir: "Y… el misterio de la existencia".

En lo que a mí respecta, la primera vez que tuve conciencia de que me estaba cuestionando la existencia, fue cuando cursé el PEVH para Familia (Programa de Educación en Valores Humanos) en India. Y digo "conciencia" porque sé que en muchas situaciones la inquietud me rozó el corazón mientras seguía lidiando con diversos problemas a los que les daba la categoría de vitales. Creo que todos, aunque sea de forma inconsciente, en algún momento sentimos esa sensación de incertidumbre acerca de qué es esto que ha dado en llamace vida. Por suerte contamos con tantas obligaciones reales, más otras impuestas por el sistema sociocultural y la "vida moderna" para zambullirnos y no andar pensando en esa incertidumbre a la que, en general, más vale huirle antes que enfrentarla. O dejarla flotando. En la vida cotidiana de los humanos, "incertidumbre" suele ser sinónimo de inseguridad o temor a lo desconocido. Cuando, en realidad, si te ponés a pensar no hay nada seguro. Salvo la muerte, nada. Por el solo hecho de haber nacido, sé con certeza que voy a morir. Después no encuentro que algo sea seguro en esta vida. O tal vez el amor. Pero qué difícil creer, sentir, soltarse y entregarse al cobijo que brinda el amor. El amor verdadero, que no sabría definir con palabras pero que tiene que ver con ser servicial, paciente, no actuar con bajeza, perdonar, ser tolerantes, no aparentar, no creerse más importante que otro, etc.; en fin todo lo que involucran los valores humanos. ¿Cómo hacerlo cierto?

El otro día estuve una hora y media jugando, revolcados en el piso con nuestro Golden y con Rafi (10 años), casi un hijo para mí (aunque no de sangre). Quedé cansada de reír, jugar y del amor que nos profesamos unos con otros. Qué sensación tan maravillosa la de reír y jugar y estar en contacto verdadero. Es una experiencia inigualable. Acaso sea esto lo que en gran parte le dé sentido a la vida. Seguramente todos habrán experimentado situaciones similares, aunque en la actualidad escasean más de lo que abundan. Qué poco contacto de corazón a corazón tenemos. Qué enojados andan muchos por la vida. Y después nos vamos acostumbrando a mandar los emojis para decir "te quiero" en los SMS y WhatsApp. Y acaso ya no recordamos lo confiable que puede significar una mirada, lo alentadora o intimidante. Eso se siente más vivo. ¿Qué opinás?

Ahora, volviendo al seminario de PEVH que tomé en India, recuerdo aquel día en que todos escuchamos la pregunta: ¿Cuál es el propósito de tu vida? Fue entonces que de forma consciente me lo pregunte y me vinieron muchas ideas y pensamientos, y el "no sé" como eje de ellos.

La unidad que trabajamos ese día era Vida Humana y Propósito Humano. El seminario era vivencial, o sea que el aprendizaje ocurre solo a partir de la auto indagación. Nadie dice cómo deben ser las cosas, nada "debe" ser como diga alguien, sino como cada uno encuentre dentro la respuesta. Se experimentaron preguntas tales como:

1. ¿Hallan sus tareas como padres confusas?

2. ¿Como padres, tienen miedos sobre cómo criar a sus hijos en la cultura actual?

3. ¿Qué quieren de sus hijos?

    Para llegar a la pregunta:

4. ¿Cuál es nuestro propósito específico humano?

En relación a las tres primeras cuestiones y de acuerdo a las respuestas de los participantes que habían tenido el valor de pasar se llegó a las siguientes conclusiones:

• Los padres parecen tener claros los valores en sus mentes, pero se les complica llevarlos a la práctica por los estándares que establece la cultura popular que hace que los niños tengan distintos valores que considerar.

- A los padres en general les da miedo que no se practiquen los valores, y la violencia que hay en todas partes.

- Así es que concientizaron que lo que verdaderamente quieren para sus hijos: "que sean buenos, amorosos, obren bien, tengan vidas útiles y sean felices"

Entonces, ¿cuál es el propósito de esta vida?

No esperen que les dé una respuesta, pues creo que, igual que en el seminario, la respuesta está dentro de cada uno de nosotros. Sí les puedo decir que no me conforma el hecho de trabajar, comer, descansar, cuidar mi salud, dormir, y volver a trabajar, comer... Quizá acá me quedo con la entrañable frase de Hugo Arana: "descubrir el misterio de la existencia". Y si bien practico meditación y yoga, que considero formas de vida que me llevan a trascender cada día lo cotidiano, la rutina y despegarme de los mandatos, encuentro mucho sentido también en servir, compartir lo que me ha sido dado, lo que sé y me hace bien, ya sea que nací con ello o lo fui adquiriendo. Cada etapa de la vida me sirvió para ir llegando a esta en la que ahora vivo, en la que hay más claridad con respecto a la ignorancia con la que convivimos. O a la indiferencia con la que vivimos. Y, si tuviera que encontrarle una respuesta a la existencia, me inclinaría por la sabiduría. La sabiduría con la que se nos ha dotado como humanos, el poseer tantas herramientas para tratarnos bien, tratar bien a los demás, tratar bien a la tierra que nos da la vida y sentir esa paz que todos anhelamos. Creo con certeza que la ignorancia del hombre lo sume en la oscuridad una y otra vez. Las carreras desenfrenadas por logros económicos o de poder, como ya dijimos, así como fanatismos, hacen que se pierda de vista el sentido de la vida. Si es que tiene alguno para ustedes. Sin duda, pasar por acá lo más sonriente posible, sin necesidades, ayudando, riendo, compartiendo, saludables son consignas tan simples como las que predicamos al brindar cada Año Nuevo deseándonos lo mejor unos a otros: Salud, Dinero y Amor. No en vano se habrá establecido esta tríada desde que existimos. ¿Será acaso una respuesta cortita que nos garantiza una larga vida?

No sé si es un deber vital cuestionarse la vida, aunque sé que indagar en ella me ha llevado a darle prioridad a lo que merece, aceptar la impotencia cuando no puedo solucionar algo, y sobretodo medir con esta pregunta las dificultades: ¿Qué importancia tendrá esto cuándo ya no este acá? ¿Y quiero dejar algo? Mi respuesta es: AMOR.

¿Qué nos impide ser felices?

Quiero referirme a aquellas cosas que hacemos para que la felicidad o el bienestar se alejen rápidamente, o pasen como fantasmas que dan señales pero el miedo impide vislumbrar sus misterios. Quizá la felicidad sea siempre un misterio, un bello misterio que nos toca y se aleja, casi con la vergüenza de un púber que se asoma al sexo y no sabe si es mejor el placer o la culpa.

Tantas formas de "felicidad", tan diversas miradas del concepto, del sentir, de la vivencia. Pero me pregunto: ¿quién, sino uno mismo, es el verdadero protagonista de su existencia y de ese "concepto" que creamos individualmente acerca de la "felicidad" más allá de lo que nos cuenten? Uno y solo uno. Solo yo sé lo que creo que es la felicidad. Solo yo sé si hago algo o no para vivenciarla. La mirada externa muchas veces dice que deberíamos ser felices de acuerdo a las circunstancias que observan en nuestras vidas. Eso puede llegar a ser muy frustrante para aquel que no alcanza la felicidad con lo que "debería" según los cánones del afuera. O también puede ejercer una presión muy grande y aun culpa por no ser felices a pesar que "deberíamos". Según ciertas normas establecidas. Aunque percibo un lugar común en el que todos flotaríamos o haríamos la plancha, no me siento con autoridad para decir cómo se logra el estado de felicidad, pero me atrevo a decir que es muy difícil alcanzarlo cuando el de al lado no la está pasando bien, cuando está sufriendo alguien querido, cuando el mundo muestra muertes en nombre del poder, de la corrupción, cuando destruimos el planeta… Entonces, ¿cuán felices podemos ser cuando alrededor nuestro se sufre? Hay veces que las situaciones nos ponen en el borde del precipicio. O sufro constantemente por lo que no puedo cambiar, sumiéndome en la impotencia letal y estanca sin poder abrir mi corazón, o encuentro un camino para crear un micro mundo en el que generar lo mejor sea contagioso y colabore a una unión de individualidades ¿Cómo encontrar un atajo para sortear el sufrimiento de un hijo que no puede ser feliz? Existe casi de forma unánime, diría, el deseo de todo padre de que su hijo sea feliz. Sin embargo, puede suceder que todo lo que haya hecho una mamá o papá, por ejemplo, no haya conducido a su hijo a esa felicidad que necesita por razones ajenas a ellos… ¿Y entonces? ¿Cómo sobrevivir con ese dolor arraigado en el corazón? Concientizar que nuestros hijos son seres que han venido a esta vida a través de nuestros cuerpos y almas nos habilita a no ser más responsables de lo que nos corresponde sobre sus estados. Ya hemos dicho que vamos cumpliendo distintos roles a medida que van creciendo hasta que llegan a ser adultos. Y con nuestros aciertos y errores habremos dado lo que pudimos para que sean personas de bien y "felices". No sentirnos responsables de lo que pueden hacer con sus vidas, ya de adultos, es una ardua tarea de desapego. No es fácil lidiar con ello, y siempre habrá un dolor en algún rincón del corazón, pero hay que moverse y seguir adelante. La razón fundamental es tomar conciencia de que no podemos solucionar todo el sufrimiento ajeno, social, global. Sensibles al mismo, podemos transitar el camino sobreponiéndonos a situaciones que la vida nos presenta por alguna razón, aunque no esté en nuestras manos la solución. No sé si la solución es dar amor a todos y servir a todos siempre que podamos. En mi humilde sentir sé que servir, dar amor, ser amable, sonreír, compartir un momento en armonía, ya sea con quienes están a nuestro alrededor o con alguien que pasa por nuestra vida fugazmente, me genera bienestar. El ejercicio de la voluntad, y estar atentos a cada instante son claves para sentirse en conexión con el latir del corazón, con la respiración, con estar vivos y darnos cuenta de que el otro conforma también nuestro mundo.

¿Vulnerabilidad & Resiliencia?

Por Walter Ghedin

Ambos conceptos remiten a las capacidades intrínsecas para afrontar las crisis, cómo las atravesamos y el resultado de vivir esas experiencias movilizadoras. En el devenir humano las crisis son parte misma del desarrollo y la maduración. Las neurociencias nos informan que las redes neuronales responden a los conflictos por lo menos de dos maneras: incrementando o atrofiando el entramado neuronal. Cuando estas redes se expanden permiten captar mejor el problema con diversidad de opciones en las respuestas; en caso contrario, el cierre, empobrece la lectura de lo que sucede y, por ende, las respuestas serán más limitadas. En síntesis, la apertura de la percepción es fundamental para que las reacciones sean más numerosas y así el aprendizaje será más completo, con todo el sentido de la experiencia vivida.

La resiliencia es la capacidad para enfrentar las crisis y salir transformado de ellas: "aprender de las crisis"; en cambio la vulnerabilidad es la restricción para encararlas, lo cual lleva a la imposibilidad de salir de los problemas, girando en torno a ellos, "naturalizando la angustia". Dividir a las personalidades en resilientes y en vulnerables es una reducción injusta y discriminatoria. Por supuesto que existen personas que sufren trastornos mentales que los vuelven más frágiles, sensibles a los problemas. Pero aun así, existen capacidades latentes que los ayudan a vivir mejor. En otros casos, personas aparentemente sanas tienen serias dificultades para encarar situaciones cotidianas. Por ejemplo, una madre que se angustia por la llegada de un hijo, o aquella persona que sufre por una mudanza hacia un lugar más confortable. También existen ejemplos de sobrevivientes de campos de concentración, guerras, abusos, accidentes, crisis familiares severas, etc., que convierten ese pasaje traumático en un motivo para ayudar a otros y son ejemplos de superación. Las carencias en la infancia pueden motivar deseos de superación que ayudan en la vida futura, no solo para el desarrollo personal, también para ser más empáticos. La solidaridad y el altruismo pueden nacer de estos vacíos infantiles generando deseos de ayuda a otros que padecen por no contar con las necesidades básicas satisfechas. No se puede aseverar que la resiliencia dependa de factores biológicos congénitos; pero sí se puede afirmar que la interacción con el medio es fundamental para el desarrollo y la amplitud de estas condiciones. Se denomina plasticidad neuronal a los mecanismos internos que ayudan a activar y a aumentar las conexiones neuronales con la finalidad de mejorar los recursos de supervivencia. En pacientes que sufren accidentes cerebrovasculares u otros tipos de daños en el Sistema Nervioso Central, las redes neuronales cercanas a la zona afectada se "encienden" supliendo las funciones deterioradas. Este mismo mecanismo se pone en acción cuando las emociones embargan al sujeto. Las crisis emocionales lo preparan para que pueda atravesarlas y así mantener el equilibrio interno que está siendo afectado. La presencia de angustia, desgano, inhibición, ira, bronca, odio, son algunas de las expresiones emocionales más profundas e intensas que aparecen. El organismo no solo funciona buscando el equilibrio fisiológico (relación organismo-medio), también debe tratar de recuperar la armonía de sus emociones y conductas en relación al entorno. Seguramente, si recordamos las crisis personales, podemos dar cuenta de la imposibilidad de poder pensar y actuar en forma asertiva. La ansiedad nos hace presa e induce a anticiparnos a futuras catástrofes. Creemos que nunca más volveremos a ser los mismos. Ser resilientes no significa "no sentir", que los problemas nos pasen de lado, apenas rozándonos, como si una cubierta defensiva nos protegiera. Nada más alejado del concepto. Es no sucumbir al dolor, sentir sin perder de vista que existen alternativas para salir de la crisis. Las personas resilientes convierten el dolor en acción superadora, aun en aquellas situaciones cercanas a la muerte. Sin embargo, como decía antes, no se nace con este potencial: se adquiere, se aprende, se vive. Es muy frecuente que esta capacidad surja después de un trauma. La persona adquiere un saber que no había tenido, e incluso puede aparecer después de un tiempo de haber pasado el evento crítico.

¿Existen rasgos o caracteres más predispuestos a tener un comportamiento de superación? La respuesta es sí. Es posible destacar ciertos rasgos de personalidad que ayudan o predisponen mejor al aprendizaje postcrisis.

Enumeremos algunas de estas características:

• Percepción abierta al mundo.

- No cerrarse a dogmas o normas.

- Pensamiento abierto y crítico.

- Autocrítica.

- Respeto por el otro y la naturaleza.

- Expresión emocional acorde con lo que se está viviendo.

- Empatía.

- Curiosidad siempre activa.

- Altruismo.

- Armonía entre los rasgos de retracción y sociabilidad.

- Comportamiento lúdico y buen humor.

- Mantener siempre proyectos activos.

- Pensar antes de actuar.

- Tomar distancia de los problemas para evaluar estrategias.

- Diferenciar lo trascendente de lo intranscendente.

- No estar a la espera de cambios externos. Confiar en los propios.

La vulnerabilidad como sistema estanco

Pensar que ser vulnerable es estar condicionado por una estructura inamovible es subestimar las potencialidades humanas. La vulnerabilidad y la resiliencia no son opuestos irreconciliables, son dimensiones de un continuo de la existencia que oscilan según las etapas de la vida y los eventos que sucedan. No obstante, así como observamos que existen parámetros para determinar que una persona está siendo más resiliente, existen otros que ponen en evidencia la susceptibilidad y el bajo umbral al dolor emocional. Sin detenerme en trastornos o patologías mentales (que de por sí tienen una base más susceptible) quisiera referirme a aquellas personas que sufren y repiten los mismos patrones de comportamiento como si estuvieran condicionadas por una fragilidad estructural. Muchas veces el entorno influye de tal manera que cualquier estrategia de afrontamiento queda reducida a su poder. El deseo, así como las herramientas personales, se someten a las reglas externas, como por ejemplo: modelos de belleza, de salud, de comportamiento, de competitividad y logros personales, desapareciendo la esencia dentro de este magma informe y cambiante. Presos de un sistema que nos hacer creer (y convencernos) de que "tener es igual a ser", se generan infinidad de acciones para concretar ese falso anhelo. La corrida por conseguir mejores lugares en la escala social, por ser cumplidores con las demandas sociales, por seguir avanzando en pos de metas cada vez más lejanas o ideales, consume los mejores momentos de la vida. Cuando la vulnerabilidad no es un problema de base, es decir constitutiva del sujeto, la causa de la misma es la angustia que provoca no llegar a cumplir con estas metas; un ideal inalcanzable. Y cuando tomamos conciencia del engaño habrán pasado infinidad de bellas situaciones dejadas de lado por la ambición.

Esta es la vulnerabilidad más frecuente, la que se funda en la construcción misma del sujeto social. Entrampados en una red engañosa, con apremios sin premios, transitamos el camino de la vida. Dentro de ella no se permiten las críticas, los replanteos a la existencia, la libertad en el sentido más profundo y amplio de término. En este contexto de coacción sobre la vida humana, se torna difícil replantearnos qué estamos haciendo con ella. Y si el tiempo no alcanza, si no podemos parar un momento siquiera, será la sucesión de hechos planeados de antemano la que tendrá siempre la última palabra. El individuo, con cierta inocencia, se va dejando llevar por las reglas del sistema imperante, que actúa como guía y orienta la toma de decisiones. Todos soñamos, imaginamos, deseamos, que el desarrollo de nuestra vida sea lo más favorable, y nos permita la libre elección de lo que queremos ser, solo que pocas veces podemos hacerlo. Es posible que en estos últimos tiempos, los *millennials* afronten las responsabilidades con un saber más congruente. Asisto a jóvenes que trabajan unos pocos meses para juntar ahorros y con ellos irse de vacaciones u otros que se presentan para trabajos temporarios en el exterior y hacer su aventura fuera del hogar. Estos jóvenes saben (como nosotros lo supimos en nuestra juventud) que, pasado el tiempo, tendrán que asumir las mismas responsabilidades adultas para mantenerse a tono con un sistema de relaciones y de valoración social. Estas decisiones las tomamos todos, en mayor o menor medida, dentro de estos sistemas culturales. No pongo en tela de juicio cumplir con las expectativas del medio, solo invito a pensar que cada acción tiene sus consecuencias a la hora de hacer un balance personal. Y que de nosotros depende dar un giro cuando vemos que las circunstancias nos provocan malestar existencial, o síntomas físicos o emocionales.

El cuerpo y el mundo afectivo se encienden cuando sentimos que las cosas están en franca desarmonía. Y, si nos ponemos a pensar en lo que guardamos bajo la alfombra del alma, serán seguramente muchas más cosas que las que salen al exterior. La capacidad para guardar, reprimir, dejar de lado, no pensar, no mostrar, no plantear, no disfrutar, ocultar, es mucho mayor que la capacidad de expresar lo que realmente sentimos y deseamos. Quizá la esencia de la vida se reduzca a unas pocas acciones suficientes para mantenernos vitales y en bienestar con uno mismo y con el mundo circundante. Pero este ideal de sencillez es sepultado por tantas capas de obligaciones, de responsabilidades, que es casi imposible que emerja con su fuerza primigenia. Nos acostumbramos a vivir con la esperanza de que un ápice de esta esencia aparecerá en algún momento para indicarnos que algo tenemos que hacer con la vida elegida, sin darnos cuenta de que ese ideal aparece seguramente en infinidad de actos cotidianos que han perdido (para la propia conciencia) el destello de luz suficiente para atraer la mirada. Cada vez más aparecen objetos que requieren atención y obediencia como sucede con los implementos tecnológicos. No toleramos ni la insatisfacción, ni la incertidumbre, ni el vacío. La necesidad de completarlos se ha tornado el único aliciente para no sufrir, por lo menos en lo inmediato. Este tipo de vulnerabilidad es el costo que tenemos que pagar por ser parte de un sistema de reglas que impone el absoluto. El todo o nada, que no acepta los grises ni las parcialidades.

"No quiero fracasar"

La palabra "fracaso" tiene una connotación muy negativa para el Yo. La persona embargada por esta sensación no delimita la vivencia a lo ocurrido, por lo general lo compromete en su totalidad. Deja de ser "fracasé en este proyecto" para convertirse en un aspecto de la identidad: "Soy un fracasado". Las expectativas puestas en un objetivo se convierten en una meta motivadora que no da mucho lugar a pensar en los riesgos. Y, si se piensan, la fuerza impulsora será mayor, es un aliciente para el Yo. En realidad, la persona movida por un propósito, disfruta de la tensión agradable que provoca y deja en un plano secundario las partes más frágiles de la propuesta.

La motivación que desarrolla las capacidades personales se vive con inquietud, pero al mismo tiempo hay una cuota de disfrute y desafío que la complementa. La conjunción de esos estados afectivos, junto a la voluntad, permite disfrutar cada estación del camino y la meta será apenas el resultado de lo transitado. Cada una de estas instancias de crecimiento debe contemplar la dificultad o el obstáculo que puede interceder, sin embargo, habrá alternativas para sortearlos. Si delimitamos el problema a lo que está sucediendo en ese instante y no le sumamos otras dificultades similares del pasado para ratificar "la mala suerte", o la "inutilidad de las acciones", las posibilidades de salir adelante serán mayores. Cuando el pasado se impone para decirnos que somos incapaces, estaremos sucumbiendo a ese pensamiento. Si "la mente" nos recuerda el pasado, debería ser para recuperar la experiencia y sacar de ella lo que nos sirva para encarar lo actual. Y el futuro, como imagen de lo posible, debería ratificarnos que, suceda lo que suceda, ahí estaremos para afrontar la existencia. No obstante, lo descrito no representa lo que sucede habitualmente. Frente a los problemas nos alarmamos por lo actual, por el pasado, y la creencia de que el futuro será aún peor. Este mecanismo mental es el precio que tenemos que pagar por ser libres y tener autonomía. Si viviésemos encerrados, con un mínimo contacto con la naturaleza y de vida social; si se ocuparan de nosotros por cada acción que nos correspondiera hacer, seguramente estaríamos más tranquilos, pero menos satisfechos y felices.

Los mecanismos que provocan frustración son formas de control interno. La vivencia de fracaso paraliza e impide seguir avanzando, por lo menos en ese momento de crisis, hasta que poco a poco retomamos la fuerza y la confianza personal. Solo en aquellas personas limitadas por la contención, o por susceptibilidades intrínsecas a su personalidad, ocurre tal grado de incapacidad. Con solo observar a nuestro alrededor basta para darnos cuenta de cómo funcionan las acciones de retraimiento o las de superación. Y, en este último caso, aun cuando el sujeto se ve limitado por serios problemas físicos o mentales. Las personas que padecen patologías motrices, o algún tipo de compromiso mental, y siguen concretando acciones provechosas para su espíritu, son ejemplos de cómo las capacidades necesitan ser tenidas en cuenta.

La vivencia de fracaso se ubica en una dimensión que va desde un sentimiento pasajero hasta convertirse en un rasgo de personalidad o en un síntoma. Las personalidades temerosas sufren por la sensación persistente de que va a "fallar", y de que a pesar de lo que hagan, se repetirá la acción fatal. En los depresivos en cambio, el fracaso es ruina, vacío, culpa, y sentimientos profundos de ser una carga para los demás. En esta línea se ubica el fracaso, desde lo más leve y transitorio hasta lo más grave y permanente. Uno se pregunta por qué la mente ubica los sentimientos negativos en el podio de los ganadores y subestima los positivos, es decir aquellos que nos dan respiro, salud, felicidad. La respuesta está en cómo aprendemos a mirar el mundo y a sentirlo como propio. La presión interna exige estar preparados para no caer de la trama social. Y, si alguno de estos nudos es frágil o se corta, la inestabilidad avanza rápidamente sobre el mundo propio.

Para enfrentar y superar la vivencia de fracaso

El sentimiento de fracaso nos enfrenta a una situación que no cumple (total o parcialmente) con las expectativas esperadas. Abarca solo esa situación actual y no la personalidad toda. "En esto fracasé, pero no por esto soy un fracasado".

- La vivencia de fracaso sirve de control para replantear el proyecto en curso y el interés puesto en él. En todo caso será útil pensar: "me detengo para evaluar cómo sigo".

- Reflexionar, indagar en uno mismo, preguntarnos el porqué de tal o cuál acción deben ser los ejercicios esperables y no la autopunición.

- Dejar de echar culpas al afuera, o a los demás porque, si bien pueden ser factores confluyentes, hay una participación personal que hay que evaluar, por ejemplo: "por qué creí o confié en el otro", "por qué no actué a tiempo y me dejé llevar", etc.

- El fracaso trae miedo y descreimiento. Hay que recuperar la audacia y la confianza para continuar.

- La vida es desordenada y caótica. La esencia vital es volver al equilibrio, hasta que algo nuevo provoque el cambio. Y así hasta la muerte que es también transformación.

- No esperemos que las acciones sean medidas, previsibles, esperables; el imprevisto es parte de esa dinámica.

- El organismo humano nos brinda una gran enseñanza: la plasticidad de los tejidos. Cuando una parte del organismo se daña, los tejidos vecinos compensan la falta.

- No es saludable "hundirse" en esa falta, esperemos a que los recursos compensatorios actúen.

- La "falta", es angustia, sufrimiento, síntoma; no pueden actuar los mecanismos de recuperación. En esto consiste la neurosis: el sufrimiento como eje de la existencia.

Miedo: ¿amigo o enemigo?

Por Walter Ghedin

El miedo es una reacción emocional primaria que nos informa de alguna amenaza a nuestra integridad. Existen diferentes situaciones que lo disparan, por ejemplo: miedo a que un proyecto nos salga mal; a enfermedades propias o de seres queridos; a tener problemas económicos; a perder una pareja, etc. El miedo intenso, irracional es propio de las fobias específicas (a situaciones, a animales, a fenómenos ambientales, a ver sangre, etc.).

El miedo no sólo es un indicador de que algo podría dañarnos, también es desafío para encararlo, despertando capacidades y evaluando nuevas alternativas de acción. Por lo tanto, el clásico dicho: "el miedo paraliza" tendría su opuesto en "el miedo moviliza". En estos últimos tiempos asistimos a un sinnúmero de patologías relacionadas con la ansiedad: ataques de pánico, fobias, ansiedad social, ansiedad generalizada, etc. Manifestaciones clínicas que ponen en evidencia la imposibilidad del Yo para dar respuestas efectivas a las presiones externas, aumentando la susceptibilidad individual. Si sumamos las situaciones que nos estresan a la vulnerabilidad personal, tendremos la dupla necesaria para que los miedos se conviertan en síntomas, provocando el sufrimiento y el freno a todo proyecto. Más allá de la situación que estemos viviendo, el miedo incrementará la imposibilidad para encararla. Existen situaciones que no se pueden prevenir, son inexorables, suceden como parte del devenir de la existencia; crisis, conflictos, eventos desagradables, estarán retándonos a enfrentarlos. El cambio vendrá de la fortaleza personal, para que el miedo sea un sentimiento saludable, lógico, esperable según lo que se vive; para nada cegador o paralizante.

Sentimiento de inferioridad

Esta es una de las formas que el miedo asume en la imagen personal. Excepto en sujetos con rasgos narcisistas, el sentimiento de inferioridad es muy frecuente en diferentes etapas de nuestra vida. Entra en la gama de estados afectivos que configuran el mundo emocional. No obstante, no es solo algo que sentimos, también se acompaña de pensamientos e imágenes que le sirven de sostén y de excusa. Creer que somos inseguros, incapaces, inhábiles, con escaso atractivo y pocas herramientas de sociabilidad, son los pensamientos más frecuentes. Anticiparnos a una cita amorosa imaginando que vamos a fallar y quedar como ridículos, se convierten en certezas irreductibles. Por lo general, esta autoimagen denigratoria abunda y nos acompaña en diferentes situaciones, desde la lucha por pertenecer a un grupo escolar, conseguir un trabajo, salir al ruedo de la conquista amorosa. Habría que estudiar por qué este tipo de registro personal supera al de valoración, aunque sin duda los modos de relación en la infancia tienen mucho que ver. La confianza en uno mismo no es innata, se adquiere durante los primeros años de vida. Las investigaciones concluyen que la protección excesiva, o la puesta de límites sin argumentos que los justifiquen, vuelven a los niños más temerosos, menos creativos, con sentimientos de inferioridad y depreciación de sus habilidades sociales. La base personal para enfrentar el miedo asienta entonces en esos años en los que se construye la personalidad. La confianza es un sentimiento asociado a la estima y la motivación. Cada vez que un deseo pretende convertirse en un proyecto de crecimiento, se movilizan, en forma simultánea ambos sentimientos; juntos se preparan para encarar las situaciones que se presenten. La confianza básica se construye en el seno del entorno familiar, tanto por el afecto y la contención dispensada, como por el equilibrio entre la protección y el "dejar hacer". Para el lenguaje, los antónimos del término "protección" son el abandono, la debilidad, el desprecio, el desabrigo, la hostilidad. Dejar "desprotegido" al niño se entiende como una especie de orfandad, cuando en realidad, en el sentido más amplio de la palabra, sería dejar que se aventure en el entorno como regla indispensable para conocer y animarse a lo desconocido. La sobreprotección no ayuda a que el pequeño amplíe su mundo de relaciones ni a desarrollar sentimientos de confianza. La retracción y el miedo se anudan creando una alianza difícil de romper, sobre todo cuando la persona la internaliza dentro de su ser. La confianza refuerza la estima e interviene en las relaciones interpersonales creando vínculos más estables. Y son estos vínculos los que retroalimentan proyectos y las ganas de estar con uno y con los demás. Lástima que todavía existe el bullying, la discriminación, el rechazo a lo diferente, que para nada ayudan a que estas uniones contribuyan al desarrollo personal. La persona que sufre la afrenta del otro sufre por sentirse distinto; se angustia y hasta puede tener conductas autolesivas. El victimario basará su confianza en la violencia; en un comportamiento altanero, impetuoso, soberbio. Estas conductas adolescentes suelen desaparecer en la edad adulta, sin embargo, el impacto de las mismas sobre la subjetividad en ciernes de quien las recibe puede ser duradero y hasta de por vida. Los adultos no atienden estos casos con la debida atención y responsabilidad, instando a la víctima de bullying a "que se defienda". No existirá comunicación posible, ni intento de resolución del problema, a menos que se busque contención y ayuda especializada. Los comportamientos de liderazgo violento están a la orden del día, tanto en los medios educativos como fuera de ellos; abundan en barrios, en clubes, hasta en el mismo núcleo familiar, etc. Cada vez son más precoces los pequeños con conductas disociales o violentas. La precocidad para hacer daño tiene su origen en el medio que envuelve a estos niños, donde la hostilidad, la incomunicación, la carencia de afectos, es moneda de intercambio.

El miedo a la soledad

Si el miedo es un sentimiento natural asociado a la supervivencia, ¿por qué lo sentimos como un enemigo? Existe una tendencia a evitar el miedo como si este fuera sinónimo de fracaso. El miedo tiene "mala fama". Y la persona que lo siente se reprocha por su flaqueza. Sortear el miedo como si este fuera un enemigo que está al acecho tiene sus consecuencias. Muchas veces creemos que podemos con todo, otras, somos presa de la ansiedad que busca soluciones inmediatas sin mediar ninguna reflexión. El temor es una parte nuestra y habrá que aceptarlo como tal, así como lo hacemos con el coraje, el desafío, la audacia. Y una cosa es el miedo como reacción lógica, dentro de los parámetros emocionales propios, y otra es el miedo como síntoma, que nos vuelve inseguros, frágiles, y nos paraliza.

Dejando de lado los miedos fóbicos y el miedo anticipatorio que dejan los ataques de pánico, uno de los miedos más frecuentes, muy asociado a lo más arcaico de nuestro ser, es el miedo a la soledad. Vacío profundo, visceral, como si nada ni nadie pudiera calmarlo. Pensamos en salir con amigos, hasta en llamar a una expareja, en ponernos a limpiar, en mirar una serie para despejarnos, y nada; "la piedra" sigue en el medio del pecho. Para mucha personas los fines de semana son el epítome de la vida sin sentido. La soledad duele como un sello marcado a fuego en la piel, una impronta que la semana disipará, pero en el fondo estará latente. Y las mujeres la sufren más, se comparte entre amigas. Es un tema que se habla con menos tapujos que en los hombres. Pero algunas se encierran en el dolor, y ni se animan a salir solas, a ir al cine, al teatro, ni siquiera a tomar un café en la confitería de la esquina. Todavía el "que van a pensar de mí" sigue pesando en estas mujeres que prefieren la soledad de sus cuartos cerrados. Los estímulos de los hogares, la TV, Internet, tampoco llegan a cubrir los vacíos. No obstante, las personas literalmente solas disponen de más herramientas que las que adolecen en compañía. Y esta queja es muy frecuente en la consulta: el sentimiento de soledad estando con otro, generalmente la pareja. La tendencia masculina a sistematizar el día (sobre todo los fines de semana) deja a las mujeres fuera de sus planes, y peor aún, ellas "deben" estar presentes porque no se animan a salir si está el marido en casa. Muchas parejas se aburren cuando están juntas; no saben qué hacer. Con la llegada de los hijos, el vínculo de pareja se disipa dentro del ámbito familiar pierden las coordenadas de la relación conyugal y los códigos que la sostienen. ¿Y cuando los hijos crecen, o se van?, ¿qué vamos a hacer? Intentar recuperar algo de los bríos juveniles se les hace imposible, menos que menos crear nuevos sistemas de relación incorporando la experiencia vivida. Las mujeres anhelan más cambios que los hombres; donde solo existe una sucesión de esquemas de conducta reclamarán modificaciones. Los hombres que han seguido a pie juntillas los esquemas clásicos de la masculinidad estarán en déficit frente a los deseos de las mujeres. Y así como ocurre en la adolescencia actual, cuando los jóvenes varones se sienten intimidados frente a las ganas de las mujeres, así en la madurez se repetirá el mismo esquema, solo que la predisposición para el cambio tendrá infinidad de resistencias.

Hacemos, construimos, desarmamos, volvemos a armar; nuestra adultez se convierte en una sucesión de hechuras que debemos confeccionar con los hilos que se desmadejan adentro de nuestro ser. Y no somos nosotros los que hacemos la tarea. Eso es lo que creemos. Tejemos nuestro propio enredo pensando que cada punto de la confección nos pertenece. Craso error. Y cuando entramos en la madurez de la vida nos damos cuenta de que vivimos en un engaño, que la misma trama que nos dio satisfacción y, por qué no, felicidad, ahora nos aprisiona sin saber cómo liberarnos. ¿Y cómo haremos ahora para desatar, para cortar, para dejar espacios de luz que nos den respiro y esperanza? ¿Con qué recursos contamos cuando tengamos que enfrentarnos con el vacío y la soledad de nuestro cuarto propio? ¿Si todo lo mejor quedó en el pasado, cómo viviremos el presente, sin las satisfacciones que antes conseguíamos por el hecho de ser jóvenes? ¿Qué convenciones quedan para la adultez madura: mirarnos a los ojos y preguntarnos "y ahora cómo seguimos"?

Congeniar las responsabilidades de la vida cotidiana no es fácil, menos que menos en los tiempos que vivimos, pero tampoco es un imposible. Estamos más preparados para dejarnos domesticar que para rebelarnos y hacernos cargo de lo propio. Algo de nosotros tiene que aparecer para no dejarnos llevar por las generales de la ley. Se puede romper con lo establecido, transgredir, jugar, hacer lo que siempre deseamos y nunca nos animamos; algo de locura tiene que aparecer para no dejar que tanta cordura (léase corrección, formalidad, normatividad, orden) se adueñe de la vida. Respetando siempre la propia vida y la ajena se pueden cuestionar las convenciones establecidas. No lo hacemos porque el miedo al ridículo, a ser diferentes, a estar fuera de la norma, nos invade. De nosotros depende mantener el espíritu joven e inquieto, de esta manera, cada acción vital tendrá la impronta de lo propio, de la singularidad.

¿Autogestionar la felicidad?

Por Silvia Pérez

"La verdadera forma de la felicidad está contenida en nuestras mentes y en nuestros propios pensamientos. Sin hacer uso adecuado de los mismos, jamás recibiremos los frutos de su recompensa".
Del libro SADHANA

Me puse a pensar en la palabra "autogestión" y llegué a la definición de "administración autónoma". Se refiere a algo así como usar cualquier método, habilidad y/o estrategia que te puedan guiar al logro de tus objetivos con autonomía. Y bien, no está nada lejos de nuestra propuesta con este libro, en el que ofrecemos herramientas para el autoconocimiento. Creo fervientemente que cuanto más nos conocemos, más sabios somos. El conocimiento innato es el que más nos acerca a las posibilidades de elegir lo mejor para nosotros, lo que necesitamos, y gestionar una forma de vida que se aproxime a la famosa palabra deseada, "felicidad". Creo que hay muchos acontecimientos del mundo externo que nos pueden generar alegría y felicidad, pero son efímeros. En cambio puedo afirmar fehacientemente que esa sensación de plenitud, tan anhelada, tan grata, de la cual no quería salir, la encontré dentro de mí durante una meditación. Claro que esto no significa que quiero estar todo el día meditando para conservar ese estado, pero sí me da la certeza que es ahí dentro donde ocurre la sabiduría. A veces tomo algo de ella, otras veces se me escapa, pero con el entrenamiento diario de conectarme con el corazón y la respiración voy acumulando momentos de dicha. Conectarse de este modo me lleva al misterio de la existencia. La respiración y el corazón latiendo nos hacen vivir.

Así como todos los seres que nacemos tenemos la seguridad de que moriremos, todos tenemos el anhelo de ser felices ¿Es una coincidencia? ¿Cómo es que todos sabemos que existe esa posibilidad? Todos, de cualquier raza, etnia, religión, de cualquier parte del planeta queremos ser felices.

¿Será acaso nuestra propia naturaleza que nos impulsa a ir en pos de la felicidad cuando no la sentimos? ¿Será cierto, entonces, que tiene que ver con uno mismo? Cuando el bebé nace, sonríe y estamos felices, en cuanto llora nos preocupamos, pues hay algo que no anda bien. Sabemos que para estar bien debe haber sonrisa o al menos no debe haber lamento. Hay quienes hacemos algo para ello, hay quienes no. Algunos nos tildan de tontos por reflexionar sobre este tema, mientras seguramente sienten la misma necesidad. Sin olvidarnos de los que proclaman que son felices con tal y tal cosa, y no necesitan nada más. Y está muy bien, porque es válido lo que nos pasa a cada uno de nosotros, y en definitiva es lo que podemos hacer y lo que expresamos.

Me resulta extraño cuando se cree que alguien nos puede dar la fórmula, o que hay una para ser felices. Ni siquiera el Dalai Lama, ni todos los gurús que he conocido dan "la fórmula". Dan las estrategias, los ingredientes de la receta que invariablemente tenemos que cocinar solos. No es por repetición o imitación de lo que hace el gurú que llegás al "nirvana". Pero parece que más allá de admirar a estos referentes de la "felicidad", leerlos y seguirlos, está faltando involucrarse. El otro día vi el final del programa de televisión que hace José M. Muscari donde invita a dos personalidades diametralmente opuestas: Moria Casan y María Kodama en esa oportunidad. Le preguntaba a María Kodama: "¿María, qué hago para ser feliz?"

María Kodama: "Pensá en vos. Mirate".

Muscari: "Sí, claro".

Kodama: "Hay mucha felicidad dentro tuyo. Encontrala".

La tarea es, amigos nuestros: "Cociná tu propia felicidad y será la receta magistral en la historia de tu vida".

Cuento conmigo

A pesar de contar con la familia, los amigos, compañeros de trabajo o alguna persona singular, tarde o temprano llega el momento en que sentimos que somos solos. Uno y nadie más que uno. Y la buena noticia es que podemos contar con ese "uno". Por eso insisto en que conocernos es básico para querernos, para poder convivir con nosotros sin asustarnos, poder ser y estar de la manera que queremos. Un día supe que si aprendía a no juzgarme y le daba lugar a mis necesidades, en vez de las que me imponían afuera, tendría una buena relación conmigo.

Suelo contar ese ejemplo para graficar un poco lo importante que es no depender de nadie, ni de los prejuicios ni de la mirada del otro. Después de la trágica muerte del actor y humorista más grande del país, Alberto Olmedo, un vendaval arrasó mi vida en todo sentido. Pero hablando más específicamente de lo profesional, junto con él se esfumó la familia que constituíamos. Prácticamente convivíamos con el elenco, los técnicos y el autor. Los días transcurrían entre grabaciones de televisión, teatro por las noches y en el tiempo que quedaba, filmábamos alguna película. El trabajo era el soñado por cualquier ser viviente. Hacía lo que amaba, reíamos gran parte del día, con una remuneración excelente y "fama". Un día cayó el telón y todo murió. Olmedo, su familia actoral, el trabajo y las sonrisas. El tren en el que viajábamos a toda velocidad se detuvo y bajé. No sabía qué hacer, no sabía quién era ni hacia dónde me estaba dirigiendo. Hubo un largo paréntesis hasta que me reinserte en la vida, con un contacto más cercano conmigo que el que había tenido hasta entonces. Este fue el punto de inflexión en donde todo cambió. Sobre todo, apareció más tangible la pregunta ¿quién soy? y ¿para qué vivo? Todavía buceo en ellas como la mejor aventura diaria. Por aquel entonces quise volver a trabajar como actriz, ya que es parte de lo que me proporciona mucha felicidad. Ahí choqué con el prejuicio de productores, actores y directores. Era "la chica Olmedo". Creían halagarme cuando al recibirme me decían: te veo y es como si viera venir al "negro" (por Olmedo), ahí detrás. ¿Creían halagarme? Al mismo tiempo, nadie quería hacerme un casting porque era Silvia Pérez. La contradicción me dejaba fuera de escena. Primero me teñí de bronca y enojo, después tuve claro que, por culpa del medio y de los prejuicios, nadie me daba trabajo. Hasta el momento en que se levantaron los velos de la ignorancia y me acerque cada vez más a mí.

Fue un arduo trabajo de introspección, que complementé estudiando teatro con tramos de profunda tristeza, hasta llegar a la conclusión de que yo y solamente yo, importo. Trascender la mirada del otro fue el desafío. Y me puse en marcha. Una pequeña producción de teatro y una obra elegida para mi vuelta, despertaron el interés de la prensa, que me empezó a mirar de otra manera. "La chica Olmedo cobró nombre propio". "No soy feliz si no trabajo como actriz". Y así muchos otros titulares halagaron mi elección, actuación y realización. Y a partir de allí, reciclándome día a día, voy encontrando cómo ser y hacer en conjunción con lo que me dicta el corazón. A veces me sale mejor que otras, pero camino en mi nombre por esta vida.

Aparecieron luego directores y productores jóvenes que ven a esta persona que soy. Ahora convivo en paz junto a "la chica Olmedo", que seguiré siendo con agradecimiento hasta mi último día. Y aunque atesoro tanto a mi amiga la directora Anahí Berneri, así como a Sebastián Ortega, Andrea, Juan Martin hasta Francis Ford Coppola y Rocco Papaleo, por nombrar a algunos, que me eligen para actuar, el tesoro más grande es poder hacer lo que amo cuando nace de "ser lo que soy". Así en lo personal como en el escenario. También cuando escribo estas páginas, cuento conmigo.

La felicidad como acto cotidiano

Por Walter Ghedin

¿Y, si de nosotros depende ser felices, por dónde podemos empezar? Quizá por bajar las pretensiones y tomar conciencia de que la felicidad es un estado afectivo, y que, como tal, tiene sus oscilaciones y sus carencias. La felicidad es un estado de alegría y bienestar que nos invade cuando realizamos una acción, o cuando algo del afuera nos impacta, y es favorable para el Yo. Pero como estado afectivo está sometido a las mismas variables que competen a los sentimientos y a las emociones ¿Y si no fuera así qué sucedería? ¿Por qué no podemos ser constantemente felices? Quizá la respuesta a estas preguntas la tenga el análisis de la dimensión patológica de la alegría y la felicidad. Los episodios maníacos son un ejemplo. Durante esta etapa de la enfermedad (episodio maníaco) la persona se siente de maravillas; sale durante todo el día, está desinhibido, no duerme, realiza infinidad de actividades (no siempre las concluye), su atención está dispersa, el pensamiento piensa en cosas alegres, el deseo sexual está alto, se vuelve locuaz, regala sus pertenencias y realiza descalabros económicos.

Una paciente salía de un negocio y entraba a otro comprando diferentes objetos sin necesidad, y los hijos iban por detrás, cancelando las compras. En otro caso, una señora regaló sus muebles a extraños que se aprovechaban de su vulnerabilidad. Sin llegar a un extremo patológico como los episodios maníacos, el estado de enamoramiento tiene algo de esta dimensión superlativa de la alegría. Solo pensamos en el ser amado, sentimos "mariposas en la panza", y la libido está a flor de piel. Es más, la persona enamorada disfruta estos "síntomas". Tanto en los casos de felicidad patológica, como los de la saludable, van acompañados de cambios neuroquímicos que inducen modificaciones en el ánimo: la serotonina, la dopamina, la oxitocina (hormona del apego o del amor) están en niveles altos, lo cual lleva a sentirnos mejor y a vivir el "aquí y ahora". Sin embargo, no estamos preparados, ni biológicamente ni mentalmente, para sostener en el tiempo sendos estados, por lo menos en los puntos más altos o de humor extremo. Los episodios maníacos necesitan tratamiento ya que la persona se expone a situaciones de riesgo para sí y/o para terceros; y el enamoramiento, todos lo sabemos, da paso a un sentimiento más calmo y perdurable que es el amor. Los sistemas de alarma internos más los condicionantes externos se encienden al unísono poniéndonos en aviso de que la vida sigue y hay que hacerle frente. Necesitamos estar atentos con nosotros mismos, orientar los deseos, petenciar las relaciones sociales (familia, amigos, compañeros de escuela o trabajo, etc.) y adecuarnos a cada etapa de la vida con modelos de adaptabilidad más flexibles. En este contexto adaptativo, la felicidad será un acto cotidiano.

Felicidades aparentes

La felicidad como ideal

Veo en Facebook publicaciones escritas que hablan de cómo acercarnos a la felicidad; también abundan las fotos de bellos paisajes o videos que ponen en movimiento las obras de grandes maestros de la pintura como Renoir o Van Gogh. Todos estos estímulos invitan a pensar que ese lugar especial existe y nos espera para estar más relajados, y quizá felices. Las redes acercan estos momentos, así como otros más cercanos a la vida real: casamientos, cumpleaños, amores, hijos que se gestan y nacen. Si antes era la imaginación la que guardaba en su interior la fantasía de un momento plácido, suculento de alegría, hoy se plasma en imágenes posibles. Y si agregamos las publicidades: "las vacaciones aumentan las endorfinas" o "semana de ofertas en vuelos y hotel", etc., el panorama se completa. Pareciera que ser felices está muy cerca; con solo cliquear en el video, o entrar en la oferta del día, se abre esa posibilidad. Y es tan breve que dura el breve tiempo de las imágenes y el tomar conciencia que estamos sin dinero, o que recién comenzó el año y no podemos salir de vacaciones. Nos atrae, nos encanta que el mensaje comente: "podés estar mejor en este paisaje de ensueño". La felicidad es un ideal que espera. Hemos aprendido a esperar. Y los días pasan llenos de obligaciones y tensiones varias, y todo en pos de esos breves días de relax. Y en el medio, momentos, algunos más prolongados que otros, instantes de felicidad que se apagan ante el primer problema. Hasta tememos que sentir el bienestar anticipe alguna situación desgraciada, "después del sol viene la tormenta", y luego, "después de la tormenta viene el sol", "una de cal, una de arena", "el tiempo de las vacas flacas, el tiempo de las vacas gordas", etc.; frases inocentes que forman parte del imaginario popular, pero que bien ilustran esta idea de la felicidad fugaz que alterna con situaciones adversas.

La psicología positiva, así como la teoría del "aquí y ahora" son modelos cognitivos que ayudan a disipar la idea alarmista de que algo feo va a suceder luego, de anticiparnos a los hechos en lugar de vivir lo que acontece. Si pensamos en lo que vendrá, la idea de crisis aparece antes que las soluciones y el bienestar. Y recién cuando sacamos los problemas del medio, aparece una vivencia más armónica y feliz. Los pensamientos alternan la opción feliz con los obstáculos: "desear ser madres o padres suele ser maravilloso, pero pensar en la responsabilidad futura y en la reorganización de la vida cotidiana, un problema"; "festejar un nuevo año todo bien para la juventud, pero siendo adulto vienen los achaques"; "enamorarse y estar en pareja es un sueño, pero no sé si quiero convivir y dejar de lado mis proyectos personales"; "festejar los cumpleaños de mis viejos me pone feliz, pero están más cerca de la muerte"; "las vacaciones, por fin llegaron, pero después hay que volver a trabajar"; "vivir de rentas es fantástico, pero me aburro con tanto tiempo libre". Las dos caras de la moneda, los opuestos, lo blanco y negro, lo bueno y lo malo, confluyen e impiden sentir las ganas, el entusiasmo, la alegría, en su dimensión plena.

En la actualidad, la felicidad es más una idea que un sentimiento. El sentido del tiempo y la complejidad de la vida moderna ha convertido la felicidad en un pensamiento ilusorio, una preocupación que tiene y mucho de influencia social y cultural que de expresión genuina. Con solo ver las publicidades y el cine comercial nos daremos una idea de cómo se imponen formas estancas de amor romántico, o de felicidad basada en el consumo. La felicidad impuesta siempre muestra sus facetas más conocidas: el amor romántico aparece casi sin querer en la vida de dos almas desoladas (casi siempre heterosexuales); el ideal de belleza es una meta a conseguir; el señor que hace running encuentra su amor en una marathon. Y ahí nace todo lo que después devendrá. Y todos felices. Ese modelo de felicidad se repite con mínimas variantes en el cine de ficción y publicitario. Si este formato conocido hasta el hartazgo funciona debe indicar que necesitamos una dosis de ese amor ideal para alimentar las ilusiones. Y aunque todos sabemos que los hilos mueven tales ficciones, el inicio del cuento "había una vez" sigue necesitando el desarrollo de la historia. Será un hermoso desafío escribir el propio relato de la felicidad. Habrá que bajarla del pedestal de lo ideal y llevarla a cada instante de la vida. O quizá mutar el ideal por lo posible, buscar los recursos para acceder a ella. No podemos forzar ni impostar un estado que no es propio, que no nos pertenece. Sería como vestirnos con ropa ajena, o valernos de pensamientos que no condicen con la mirada personal.

¿Y es una tarea ser felices? ¿Debemos dejar que aparezca como acto espontáneo o trabajar para que suceda? La felicidad es un estado absoluto: alegría, bienestar, satisfacción, confianza, orgullo, llanto, inquietud, aumento de la energía, optimismo, miedo, proyección futura. La mayoría de estos sentimientos confluyen generando esa sensación de plenitud y ganas de que no se terminé nunca.

Pero como todo estado emocional intenso está regido por las mismas reglas: pico de exaltación seguido de un declinar, quedando luego en niveles más bajos, pero plácidos. Si para sentirnos bien hay que cumplir con ciertas reglas: alimentación, ejercicio físico, meditación, yoga, prescindir de sustancias que dañan el cuerpo, pensamiento más abierto, libertad y autonomía, expansión de la sexualidad, respeto por los valores humanos, etc., la felicidad requiere de un trabajo constante de cuidarnos, en cuerpo y mente. Cada acto cotidiano nos recuerda que existe un compromiso con la vida física y que también debemos hacerlo con la felicidad como expresión de armonía y plenitud. La felicidad es tan singular como personas existen. No existen felicidades que atraen y otras que se rechazan; pobres ni ricas, sencillas o complejas, falsas o verdaderas. Existen infinitos modos de sentirla, dependiendo del marco de referencia de cada uno y de la etapa de vida que se transita. La felicidad es dinámica por el simple hecho de que la personalidad que la sustenta lo es. Y depende de nosotros mantener esa movilidad para que no se convierta en un sentimiento estanco que espera esa situación especial para aparecer. La felicidad nos interroga sobre todos aquellos actos que debemos tener en cuenta para que reinicie su ciclo vital.

Felicidades empáticas

La fuerza vital está siempre alerta con el fin de mantener la organización de los sistemas, tanto desde el punto de vista fisiológico como emocional. Los organismos buscan siempre alguna forma de equilibrio, no importa cómo se logre, si es con el aumento o con la pérdida de las capacidades; el objetivo es lograr algún tipo de compensación interna. Las personas necesitamos de nosotros mismos y de los otros. La dinámica de la fuerza psíquica, desde el origen mismo de la vida, requiere de lo propio y del medio, no obstante, existen personas que dejan de lado sus intereses, se vuelcan a estar con el otro, a la ayuda, a la comprensión. Su fuerza vital encuentra satisfacciones en la ayuda al prójimo, aun a costa de su propia existencia. Son personalidades fuertemente empáticas, que no solo viven la vida ajena, "la sienten en su piel", sino que también postergan la propia en pos del bien común. Es una bella acción, algunas personas están tocadas por este don de comprensión y ayuda. Pero no todos pueden llevar adelante sus buenas acciones sin sufrir; las hacen propias y al mismo tiempo se descuidan ¿Es necesario perderse en el otro descuidándose uno? La conducta empática no es fundirnos en la vida del otro y vibrar con ella. Estoy con el otro y estoy conmigo. Asisto a muchas personas generosas, incondicionales, humildes en sus acciones, que dejan de lado sus intereses básicos y sufren las consecuencias de la entrega exclusiva. La felicidad empática no tiene por qué prescindir de uno mismo, por el contrario, debemos cuidarnos y entender que la consecución de una acción debe comprendernos también.

Felicidad narcisista

En el extremo opuesto de la felicidad empática se ubica la felicidad narcisista; centrada en el sí mismo y solo tomando del otro lo que le conviene a sus intereses. Si en felicidad empática la persona se vuelca a los demás olvidándose de sí mismo, en la narcisista cree que es el centro del universo y merece ese lugar de privilegio. Este tipo de falsa felicidad envuelve a la persona mostrando y exaltando todo lo que cree poseer: belleza, bienestar, inteligencia y una bondad digna de Gandhi o de la Madre Teresa. Ellos hablan de sus pertenencias y de sus ganancias como si las hubiesen obtenido gracias a un chasquido de dedos y todo se le da sin ningún sacrificio. Dicen poseer habilidades y dotes naturales, como si la genética y un toque de polvo divino los hubiera convertido en seres especiales. Deambulan por la vida sacando provecho de los demás, aquellos que les pueden brindar más status y lugares de privilegio social. Están los que arman estrategias para conseguir lo que pretenden, pero existen otros que no son plenamente conscientes de que siempre sus búsquedas persiguen metas que los retribuyan, tanto emocional como materialmente. Para ellos, el bienestar y el optimismo están de su lado, porque se lo merecen, por linaje y por saber qué hacer en cada momento de la vida. La sabiduría de los narcisistas prescinde de la inseguridad, la duda, la empatía, y por supuesto, la humildad. Transitan por los vínculos dejando mucho dolor y deudas con los demás. Las parejas, hijos, amigos, se sienten siempre en un nivel inferior, minimizados por la "falta de integridad, de seguridad, de confianza", tal como los narcisistas les reprochan casi a modo de acusación. La felicidad narcisista encuentra en la honradez ajena su modo de exaltación y supervivencia. Para su arrogancia, los que no están a su altura son flojos, lábiles, mediocres, aprendices crónicos.

Felicidades sumisas

La rutina no es buena amiga de la felicidad. Y he aquí el desafío para que en la vida cotidiana se encuentre algún instante que valga la pena, de esos que nos permite descubrir que tras la repetición existen infinidad de situaciones felices. Si en las generaciones pasadas la felicidad estaba basada en la armonía del hogar, en "tener el techo", en el trabajo como sacrificio, hoy en día, más allá de estos aportes de la felicidad clásica, existen otros modos de lograrla centrados en la responsabilidad personal. Bajo esa aparente armonía que nos conmueve en padres y abuelos, existen muchas postergaciones, represiones, olvidos, sumisión, presión social sobre sus vidas. Cada uno debe elegir su forma de vivir, no critico ni pongo en cuestión esta capacidad humana fundamental. Pero hablo de elección y de que esta decisión precisa, en algún momento, una puesta en claro, una vuelta hacia uno mismo para preguntarnos si lo que hacemos cumple con nuestros deseos o somos tan obedientes que nos aferramos a las leyes generales que organizan la vida en etapas y en actos preestablecidos. Esa felicidad que no tiene sustento en el propio deseo depende casi exclusivamente de cumplir con lo que esperamos que suceda y con lo que se espera de nosotros. Y así es como la vida se convierte en una serie de acciones ensayadas y probadas, impuestas silenciosamente. Esta felicidad aparente nos vuelve más vulnerables, frágiles, predispuestos a sufrir. Esta susceptibilidad también será contemplada como parte de la existencia: "una de cal, una de arena", "sufre que serás recompensado". Cada vez que se vean los resultados del sacrificio se podrá sentir "la felicidad" del deber cumplido. Pero cuando no ocurra, el vacío y la impotencia se harán presentes. ¿Cómo dar un vuelco a la vida? Acostumbrados a dar, a complacer, a ceñirnos a patrones afectivos que han sido reglas aceptadas por años. Pensar en las propias necesidades, aprender a pedir ayuda, a poner límites para cuidarse, etc., habrían de ser parte del nuevo esquema cognitivo y afectivo. Si las crisis son oportunidades, hay que aprovecharlas para replantear el lugar desde donde las encaramos, pero sobre todo hay que ir más allá. Quizá sirva hacer el ejercicio de tomar cierta distancia del hecho, salir por un momento del "ojo del huracán" y describir la situación como si tuviésemos de ella una visión panorámica. La distancia es un intento de ver las diferentes aristas del problema y evaluar las capacidades para encararlo. Si solo nos abocamos a lo sucedido, los mecanismos de defensa son tan poderosos que la primera acción será contener la angustia preservando el Yo de la desorganización. El mecanismo de proyección es muy frecuente, también el de negación. Ambos mecanismos, "poner el problema en el otro" o "cambiar una imagen inaceptable para la conciencia por otra que sí puede ser aceptada", son puestos en marcha apenas sucede una situación crítica.

En otros casos, situación real no da lugar a ninguna defensa. Tomar distancia de los roles y de los vínculos críticos es condición para ver cómo estamos entrampados en papeles fijos y en las consecuencias que estos ocasionan. Así como el enfermo no ve sus partes sanas, y demanda atención y dispensas por su enfermedad, el que está anclado en roles disfuncionales actúa de la misma manera. Su conciencia está atenta a las partes "enfermas" y demanda, complace, controla, o se somete con el convencimiento de que debe ser de esa manera. Las crisis entonces se viven en el tiempo real, pero también activan mecanismos defensivos y conductas archiconocidas para encararlas. Si reaccionamos siempre desde lo conocido, no habrá lugar para lo que desconocemos, y que seguramente anida en cada uno de nosotros. Las personas cambian si dejan atrás sus roles fijos y se vuelcan a la búsqueda de nuevas respuestas, que tendrá sus idas y vueltas, pero seguramente recogerá mejores frutos.

La felicidad disciplinada

No existe nada más aburrido, y en el peor de los casos nada más violento, que aquel que cree que lo que piensa es "la verdad" y no puede ser discutida. Y, si se suma la falta de humor y la incapacidad para convertir momentos de la vida en actos absurdos y reírse de ellos con la inocencia de la niñez, tendremos la impresión de estar con alguien problemático. Las personas tóxicas no solo se definen por sus actos maliciosos, por la envidia, por la pesadumbre y crítica con que evalúan los actos ajenos, también lo son fundamentalmente por la "corrección" con la pretenden manejar las vidas ajenas. Ellos serán los superados, los que tienen la verdad, la sabiduría; los que se dicen humildes pero ocultan sus egoísmos. Pero lo peor de todos es la necesidad de que los demás bailen al son de su resentimiento e inquina. Esta forma de toxicidad social es la que discrimina, la que defiende el "orden natural", la diferencia de las personas según el medio socioeconómico; los que usan la caridad para limpiar sus casas de lo inservible; los que quieren personas obedientes a las leyes que ellos mismos dictaminan.

Para ellos, la felicidad está basada en el orden rígido, preestablecido; en la productividad, en la codicia, en los bienes materiales y en la expiación de culpas si cumplen con los dogmas religiosos.

Felicidad indiferente

Si la felicidad se convierte en una meta, o por lo menos en una espera, están aquellos a los que no les interesa, que no están preparados para recibirla, ni siquiera la buscan. Saben que la felicidad es un estado agradable que llena el alma, el corazón; que aumenta la estima y la confianza. Saben el concepto, pero no anhelan sus virtudes, y por ende, no la buscan, ni persiguen metas para obtenerla. Estos sujetos están distanciados del mundo; gustan de la soledad y se conforman con lo poco que tienen. Pero no lo viven como una virtud, ni forma parte de su filosofía de vida, simplemente son así. A los ojos de los demás son personas apocadas, "raras", misteriosas, que no siguen los lineamientos generales para conseguir lo que anhelan. Carecen de los afanes, como se entiende en el discurso capitalista, que presionan a las personas a la ambición. Ellos se conforman con muy poco, sin embargo, conseguir este estado de austeridad material puede ser una búsqueda personal o el resultado de apagar las emociones. Un ermitaño se encierra y vive en la pobreza con el fin de liberarse de las tentaciones y entregarse a la expansión de su conciencia espiritual, o la persona que busca la tranquilidad lejos de los medios urbanos con las ganas de un cambio necesario; o atravesar una etapa de retracción para estar con uno mismo, son todas circunstancias que podemos elegir como alternativas de felicidad real. No obstante, las felicidades indiferentes no vibran ni con la alegría ni la tristeza. La persona está distante de sus sentimientos y pareciera que todo le viene bien. Es su manera de percibir el mundo y de responder a él. Son los demás los que ansían que cambie, que se sacuda frente a los hechos, que se enamore con fuerza, que sienta amor u odio y que sepa expresarlo. Los demás esperan y fuerzan las expresiones emocionales, como si existiera un patrón que mide los niveles de ánimo y dictamina lo normal y lo anormal.

Felicidad expansiva

Esta forma de felicidad aparente necesita siempre de los otros para rellenar sus vacíos. La diferencia con la felicidad sumisa es que espera que los demás se acerquen para colmar sus necesidades, y así creen que el otro es imprescindible en sus vidas. En cambio, la forma expansiva, sale buscar a los demás quienes deben complacer sus demandas. Su expansión se traduce en seducción constante, cuerpo grácil, gestos y modos agradables, lenguaje y discurso atractivo y llevadero, o bien indiferencia (*belle indiference*), como estrategia inconsciente para captar la atención. Estas personalidades de estilo histriónico consiguen momentos de felicidad cuando son queridos o amados, sin embargo, se apasionan con más rapidez e intensidad que el otro, solo por el hecho de que toda relación, antes que un amor recíproco, es un relleno de carencias infantiles. La felicidad, entonces, dependerá de ese otro satisfaciendo las demandas desde los primeros tiempos de la relación. Los momentos felices se alternan con conflictos, casi siempre centrados en la demanda y en la posesión del otro. Y aun cuando existan atisbos de racionalidad (se sabe que la relación no tiene salvación) se sigue insistiendo en pedir oportunidades que terminan en repetidas frustraciones. La permanencia del conflicto, de saber que no "va más" y seguir insistiendo en una ilusión que no tiene asidero es una constante de la felicidad expansiva. Esta manera de obtener felicidad es engañosa y desigual. Se cree que se ama cuando en realidad es necesidad urgente de afecto. Y un afecto que nunca se completa, ilusorio, insatisfecho que lo acompaña. Ese amor quedó anclado en etapas infantiles del desarrollo, se demanda un amor infantil, inmaduro, como solo la incondicionalidad de los padres puede brindar.

La felicidad expansiva es una forma de dependencia. Esta modalidad de relación es causa de fuertes desavenencias ya que uno espera más del otro, volviendo la relación muy desigual. Además, la insatisfacción pone la falta en el otro: "no me das lo que necesito", "me ignorás", "vos no me complacés, solo lo hacés por tu placer". La felicidad expansiva es tan frecuente en los tiempos que vivimos que es la causa de muchos conflictos vinculares. Cada vez más, las personas defienden sus logros y espacios personales, por tanto, muchas de estas demandas no serán satisfechas y habrá que afrontar la decepción y, lo que se vive como decepción, debería ser aceptacíon. Este tipo de felicidad aparente debe usar su recurso principal, la expansión, para su desarrollo y no para depender del otro.

Cada una de estas felicidades aparentes usa mal sus recursos propios. No es cuestión de borrar de un plumazo lo que no sirve (cosa imposible en cuestiones de personalidad) sino dar una vuelva de tuerca y usarlos a favor. La expansión es una magnifica herramienta de desenvoltura social, sin embargo, cuando se espera demasiado del otro, o no se ajusta a nuestras expectativas, se pierde el uso saludable.

El bello misterio de la felicidad

Quiero referirme a aquellas cosas que hacemos para que el bienestar se aleje rápidamente y el miedo avance impidiendo vislumbrar sus misterios. Quizá la felicidad sea siempre un misterio, un bello misterio que nos toca y se aleja, casi con la vergüenza de un púber que se asoma al sexo y no sabe si es mejor el placer o la culpa. Porque también hay culpa, como si no fuésemos merecedores, incapacitados de sostener el "éxito". Si bien, decimos con Silvia en los capítulos anteriores, que existen capacidades intrínsecas, que están subyacentes esperando ser tenidas en cuenta para desarrollarse, no siempre nos damos cuenta de su presencia, o bien sabemos que están, pero ignoramos cómo convertirlas en deseo y en acción.

Veamos algunos puntos a tener en cuenta:

1) Tomar conciencia:

Las revelaciones pueden ocurrir espontáneamente ("hice un clic") especie de insight que nos conecta con una manera nueva de ver la realidad y de reaccionar a su influjo. Sin embargo, no debe convertirse en una espera, que "alguna vez suceda", o de creer que "si le pasó a otro a mí también me va a suceder". Tampoco sirve imitar lo ajeno, o valerse de fórmulas prefabricadas. El propósito de este libro es describir esas capacidades de base y entender los diferentes motivos por los cuales reprimimos, negamos, o nos convencemos de que están, cuando en realidad, es parte de una pantalla sin sustento. Las crisis, por su poder movilizador, nos invitan a pensar las cosas de otra manera; quizá no en un principio, cuando estamos embargados por la angustia, pero a medida que nos calmamos "vemos y pensamos" diferente. Y si no existiera esa alternativa a la vista también, hacer el ejercicio de poner en la balanza lo perdido y lo ganado; el bienestar y el malestar; lo deseado y lo impuesto, ayuda a transitar el momento.

Alteraciones o defectos del tomar conciencia:

- Reprimir: "no me pasa nada, yo estoy bien así".

- Negar: "creo que no es para tanto".

- Proyectar: "los demás me agotan".

- Postergar: "no quiero pensar ahora, es demasiado".

- Fantasear: "en algún momento voy a poder. Ya imagino el cambio".

- Obsecuencia: "me entrego al otro que sabrá qué hacer".

- Desesperanza: "ya no hay solución posible".

- Victimización: "los demás pueden, yo jamás podré".

- Culpabilidad: "me lo merezco".

- Aislamiento: "no me expongo más".

2) Reconocer las creencias o pensamientos intrusos:

Cada suceso se acompaña de imágenes que llegan a la conciencia para ayudarnos, reconociéndonos valientes o por el contrario, lábiles y pusilánimes. Por supuesto que la angustia no permite ver lo mejor de nosotros creando una neblina casi imposible de sortear. La angustia activa las peores imágenes y el panorama se vuelven oscuro y difícil. Esta es una condición inevitable de la vida emocional, a menos que tengamos un narcisismo a toda prueba que nos rescate ante la mínima situación adversa. Pero en la mayoría de las personas esto no sucede. Tenemos que lidiar con pensamientos e imágenes que se oponen al mínimo atisbo de sapiencia. Un adolescente se siente casi derrotado por el primer desengaño amoroso, o por perder el trabajo que lo llenaba de proyectos, sin embargo, en un futuro, serán recuerdos y experiencias de vida. Se espera que, con el tiempo, la repetición de sucesos afiance las conductas y las reconozcamos ante hechos semejantes. También la mente "agranda" los problemas, convirtiéndonos en pequeños y frágiles humanos frente a una bola informe que se nos viene encima. Las imágenes que se imponen en la mente nos vuelven inhábiles, torpes; sentimos que el destino nos juega siempre en contra. Reconocer estas creencias es el primer paso para saber cómo funciona el Yo herido: "sé que en situaciones complicadas reacciono de esta manera". Este saber no es menor; especie de luz roja que nos dice: "esperá, no tomes decisiones, no es el momento" o "pedí ayuda, no estás pudiendo con tu malestar". Así como vamos conociendo los mensajes de nuestro cuerpo físico, también lo hacemos con las señales del mundo subjetivo. Y así, con esa información, el Yo posterga, niega, subestima, o nos hace creer que somos Superman y podemos con todo. La idea omnipotente de "tengo que poder solo" impide que se pida ayuda a tiempo.

Alteraciones o defectos de reconocer los pensamientos o imágenes

- Pensamiento rígido: "yo pienso de esta manera y es la verdad".

- Pensamiento rebuscado: "me parece que me quiso decir tal cosa".

- Pensamiento moralizante: "esto es bueno y aquello es malo".

- Pensamiento paranoide: "lo que dije lo van a usar en mi contra".

- Pensamiento depresivo: "ya no me importa nada".

- Pensamiento de perjuicio: "soy una carga".

- Pensamiento arrogante: "yo puedo con todo".

- Pensamiento temeroso: "no voy a poder".

- Pensamiento negativista: "nada me sale bien".

- Pensamiento sensible: "las cosas me afectan demasiado".

3) Regular las emociones:

El estado afectivo de base se denomina timia o estado de ánimo. Se manifiesta a lo largo la vida y lo diferenciamos de los "picos" de placer o de displacer, que ocurren sobre esta base afectiva. Además de esta esencia emocional se suma el temperamento o modo de reacción (con base neurobiológica), que es un factor crucial íntimamente ligado a la construcción de la personalidad. La sabiduría humana se centra en dos aspectos básicos: la regulación del deseo y de las emociones. Del primero aprendemos a dirigir la vida hacia el desarrollo pleno, del segundo a acompañarlo con sentimientos que sean congruentes. Y para este fin no existe otro modo que volver al Sí Mismo como punto de partida; revisión y retroalimentación.

Alteraciones o defectos de la regulación emocional

- Emociones lábiles: "me siento bien pero cualquier cosa me altera".

- Emociones ambivalentes: "te amo y te odio al mismo tiempo".

- Emociones depresivas: "nunca voy a volver a estar bien".

- Emociones críticas: "me exijo para luego no reprocharme".

- Emociones sin sustento: "no sé qué me pasa".

- Emociones aprensivas: "algo feo va a suceder".

- Emociones aplanadas: "no siento nada".

- Emociones condescendientes: "estoy para los demás".

- Emociones jaqueadas: "cuando estoy bien, algo pasa".

- Emociones estereotipadas: "ahora debo estar bien".

Reconocer los sentimientos de vacío.

La emoción suele presentarse en forma de vacío existencial, especie de pozo interno, insondable. Esta sensación desagradable, que nos pone frente a la incertidumbre de la vida, lleva a tomar decisiones urgentes y desafortunadas con tal de dejar de sentir el malestar. Los impulsos incitan a ejecutar conductas no deseadas: comer, comprar, demandar, ocupar el tiempo en tareas que no satisfacen, etc. El sentimiento de vacío es tan poderoso que se impone con fuerza dirigiendo las acciones con el fin de ser colmado. Y no solo es la emoción desagradable, también se imponen pensamientos, imágenes que empiezan a ocupar el lugar de una verdad. Las personas con sentimientos de vacío piensan y actúan de modo irracional. El motor no es el deseo (pasible de ser evaluado, controlado), sino la carencia que necesita ser satisfecha. El vacío es una vivencia primitiva, asociado a las primeras experiencias fisiológicas de alimentación y afecto. Así como el bebé necesita del afuera para satisfacer sus necesidades fisiológicas, en los adultos son las insuficiencias emocionales las que deben ser completadas. Se impone la urgencia de que el otro esté presente "Ya" (hijo, padres, amigos, pareja, terapeuta, etc.). La vivencia de vacío no puede esperar, es aguda, pero también puede volverse crónica, llevando al sujeto a un estado de insatisfacción permanente, que solo puede ser aplacado por la presencia de ese otro idealizado; porque no solo es el otro real: "es el otro como yo quiero que sea". No hay medias tintas en el imaginario de las personas que sufren el vacío, quieren que la solución aparezca con las características "deseadas". "El ideal es que aparezca y me diga que quiere estar conmigo, que dé explicaciones de lo que ocurrió, que se comprometa, que vivamos juntos y no se eche atrás cuando le digo que quiero tener hijos" o "estoy mal porque pensé que era fresca y desprejuiciada y resultó ser todo lo contrario". El otro que llena carencias no es el otro como sujeto real, está investido, cubierto por la necesidad del que se siente desconsolado y busca desesperadamente el consuelo. Las personas con sentimientos de vacío se tornan demandantes e impulsivas, como niños que tienen berrinches y piden a gritos que se los escuchen o se hagan las cosas cómo ellos quieren. Si ya existe una base de personalidad ansiosa o inestable la manifestación en la conducta será mayor: frecuentes cambios en el estado de ánimo, repetición de conflictos sociales, descuidos o exposición a situaciones de riesgo (abuso de sustancias, intentos de suicidio, sexo urgente por despecho, atracones, etc.). Llenar ese vacío "no importa cómo", lleva a exponerse a eventos de descuido personal. Y aun así no se resuelve el problema, después vendrá la culpa y la repetición de la conducta. Este malestar se instala justamente en el lugar de la carencia, que es el mismo de la fragilidad y la baja estima. En esos momentos en los que reina el vacío, no hay valoración posible, todo se deposita en el afuera que es desde donde debe llegar la solución compensadora. Querer pensar, recuperar, rescatar, lo mejor de cada uno, se vuelve una tarea difícil, aunque no imposible. Los sentimientos de vacío son fuertes e impiden que toda valoración o exaltación del yo se vuelva eficaz, o si lo logra será momentánea. Sin embargo, no podemos dejar de reflexionar que somos un todo y que ese "todo" no puede estar supeditado a lo que tiene que venir de afuera sí o sí, nos vuelve sujetos pasivos que espera que la "montaña venga a nosotros". Es este punto de inacción o pasividad lo que convierte este sentimiento en una carencia infantil, inmadura por cómo anula las capacidades propias.

Tipos de sentimientos de vacío

• Vacío existencial: "para qué vivo".

• Vacío insatisfecho: "no sé lo que quiero".

• Vacío demandante: "quiero que esté ahora".

• Vacío pedante: "yo puedo con todo".

- Vacío impulsivo: "no puedo parar".

- Vacío depresivo: "me hundo cada vez más".

- Vacío irascible: "siento odio porque no está".

- Vacío autorreferencial: "yo tengo la culpa de todo".

- Vacío con desasosiego: "no sé dónde ponerme, dónde estar, ni qué hacer".

- Vacío con abuso: "me calma la comida o beber".

4) Morigerar las conductas dañinas:

A medida que conocemos los aspectos citados anteriormente (tomar conciencia, reconocer pensamientos y creencias, regular las emociones) estamos en mejores condiciones de dosificar las conductas. Si no conozco lo que me pasa y cómo funcionan los engranajes que están detrás de todo acto, no voy a poder comprender el porqué de los comportamientos. Y no me refiero a un saber más profundo como es la ayuda psicoterapéutica, hablo de un primer paso necesario de búsqueda de un conocimiento personal que ayude al paso siguiente, que luego sí estaría dado por el abordaje profesional de la subjetividad. La vida urgente nos obliga cada vez más a contar con datos y herramientas para afrontarla con más asertividad, pero además estamos compelidos a adaptarnos a multiplicidad de nuevas formas sociales, culturales y tecnológicas que nos abruman día a día. El resultado es una gran exigencia que pesa sobre nuestras espaldas, y mucho más cuando debemos encarar las demandas externas en constante reciclaje. La organización del día ha pasado a ser una secuencia de actos obligados por las responsabilidades adquiridas, pero aquel que tiene tiempo libre tampoco sabe qué hacer con el ocio; en un caso como en el otro la insatisfacción y el hastío los hace presa. Porque no luchamos para ganarle al tiempo o llenarlo con múltiples actividades, lo hacemos para que la vida tenga algún sentido. Y en esta búsqueda que de por sí es maravillosa, queremos tomar atajos, que nos resulte más liviana; construimos así ideales de tranquilidad y de superación. Otro motivo más para cargar en las espaldas. Los conductas son dañinas cuando nos pasan por encima, cuando hay poco y nada de participación consciente que nos indique qué es lo mejor que podemos hacer. Aun equivocándonos, la conducta será más fructífera Cuando tenga algo de lo propio en la decisión tomada.

Alteraciones de la conducta

- Conducta impulsiva: "lo hice sin pensar".

- Conducta obsesiva: "se hace de esta manera".

- Conducta temerosa: "mejor no lo hago, no me siento seguro".

- Conducta manipuladora: "no te pegué fuerte, déjame que te acaricie".

- Conducta defensiva: "yo no tengo nada que ver, el problema es tuyo".

- Conducta sumisa: "hago lo que vos quieras".

- Conducta aleccionadora: "así va a aprender a defenderse".

- Conducta discriminante: "los hombres no deben mostrar las emociones".

- Conducta posesiva: "sos mía y de nadie más".

- Conducta sensible: "con los problemas ajenos soy una esponja"

Algo más de la conducta manipuladora

Es una de las conductas más frecuentes y va desde acciones leves hasta las más graves, por la violencia y el daño que provoca. La manipulación implica convencer al otro indirectamente usando diferentes artilugios para lograrlo. Por supuesto que para llegar a desarrollar esta forma serpenteante se precisan condiciones de seducción, labia y un conocimiento intuitivo o racional de las debilidades del otro. El manipulador se vale ante todo de ese saber del otro, lo que le permite apuntar hacia esos "blancos" pasibles de reblandecer y de moldear de acuerdo a la conveniencia del victimario. La frialdad no es una de las características del manipulador, sino la calidez y la mascarada de buena persona. Las personalidades rígidas y gélidas no necesitan manipular, usan estos rasgos para imponerse y lograr cumplir con sus intereses. El manipulador, en cambio, tiene formas más valoradas socialmente, de ahí que resulten atractivos y seran aceptados por su gracia y dulzura. Poseer este comportamiento no es patrimonio de ningún género, tanto hombres como mujeres lo despliegan por doquier.

Quizá habría que diferenciar las personalidades de base sobre las que suelen asentar con frecuencia estos rasgos porque forman parte indisoluble de las mismas. Me refiero a personalidades histéricas, narcisistas, inestables emocionales y psicópatas. En todos estos tipos de carácter, la solvencia social les permite expandirse en el medio uniéndose a multiplicidad de personas y replicando la conducta. Los sujetos histéricos necesitan del medio, se nutren de él, no confían en sus criterios y necesitan de los ajenos. De todas estas personalidades son los que más sufren cuando se dan cuenta de que están solos o no consiguen que los demás satisfagan sus necesidades. La manipulación se basa en hacer que el otro esté presente cuando que se lo reclama (que por lo general es siempre y a cada instante). El histérico sufre la soledad y la indiferencia ajena, sin embargo suele cansar con sus demandas y lo que logra es quedarse solos. Los hombres histéricos seducen y luego abandonan cuando logran su cometido, para ellos la seducción es la regla y no el compromiso afectivo. Los sujetos narcisistas están seguros de sí mismos (a diferencia de los histéricos), por lo tanto la manipulación funciona para que el otro haga lo que ellos necesitan. Los inestables emocionalmente usan las amenazas de suicidarse o de provocarse daño para retener al otro, la conducta es tan alevosa que resulta desmedida como reacción, no obstante, el amenazado no sabe si se ejecutará el hecho y por culpa hace lo que el otro necesita. El más dañino de todos es el psicópata ya que su entramado de manipulación encierra a la víctima en una red de humillación, violencia de hecho y miedo. Es tal la parálisis que impide salir, así como "el lavado de cabeza" (que hacen con extrema habilidad), que la persona queda desprovista de sus sistemas de defensa.

En este mundo en que vivimos, la conducta manipuladora va en aumento. Suena extraño que la lucha por ser más libres conlleve también este tipo de uniones nocivas para el desarrollo. Son las deformaciones de las relaciones sociales en las cuales la dominación sobre el otro vulnerable pasa a ser una ganancia para la individualidad. Existen personas que, para ser, precisan que el otro esté a sus pies, pero como ya no pueden someter por los mecanismos conocidos y arcaicos de sometimiento, precisan afilar sus dotes manipuladoras. Cuando estas personalidades son descubiertas, pueden rearmar la trama con otras acciones igual de nocivas, por lo cual hay que estar atentos a esta redirección de las estrategias. El miedo puede paralizar pero hay que confiar en la dirección de la vida que es la supervivencia. No se puede continuar con una relación que esté basada en la manipulación. No hay esperanza de cambio posible.

Las partes oscuras

Reconocer cada una de estas "partes oscuras" es el primer paso para el proceso de cambio, siempre y cuando la persona esté preparada para atravesar situaciones de dolor y de aprendizaje. No existe modificación posible de la conducta sin tolerancia, capacidad de espera y emociones que circulan, tanto para avanzar, como para retener en el trauma. Los "dolores del alma" se enfrentan a muchas resistencias para ser sanados, una de ellas es la creencia de que "hay que poder solos", que por el hecho de ser humanos no se precisa nada más para superar las situaciones que se presenten. Nada más equivocado, justamente por ser humanos no estamos automatizados ni tenemos el conocimiento absoluto que nos prepara para la vida en general. Hay que reconocer que la fortaleza coexiste con fragilidad, con inestabilidad, con descreer de las capacidades intrínsecas. La pérdida de confianza en uno mismo lleva a creer que las capacidades ajenas son dominantes, es una doble vía de sufrimiento, por un lado la propia impotencia y por el otro la supremacía externa. Ese poder del afuera puede ser momentáneo, es decir referido a una situación puntual o provenir desde el inicio mismo de la construcción de la personalidad. En este último caso el "darse cuenta" puede ser disparado por el pasaje necesario a asumir responsabilidades personales y la incapacidad para hacerlo.

Es frecuente que los jóvenes, a la hora de encarar sus proyectos, se encuentren con la imposibilidad den hacerlo, y necesiten tener a los padres cerca o les den cabida para que los orienten como si aun lo que ellos opinaran fuera "palabra santa". Permitirse tomar decisiones, equivocarse, consensuar con la pareja, poner límites a la intromisión familiar son acciones ineludibles. Y, aunque cueste algún enojo de los demás, siempre el reproche por no haber hecho lo debido en defensa del mundo propio será mayor.

No es un tema menor la dominancia de la familia de origen en los adultos jóvenes que salen a la vida con las ganas de transitar su propio camino. Los padres creen que aún tienen injerencia y presionan para que se hagan las cosas según sus creencias. En algunos casos creen que los hijos no cuentan con las habilidades para hacerlo, en otros directamente les ofrecen proseguir en la misma línea o en los mismos lugares de trabajo gestados por ellos para "dejárselos a los hijos". La cuestión no es brindarles una ayuda y facilitarles el futuro, el tema es cuánto de sí mismo el heredero deja en este supuesto pasaje y si la ayuda también contempla a aquel que no quiere seguir con los designios familiares. Salir de la ruta trazada por los padres es rebelarse a los deseos y a las expectativas inamovibles que ellos gestan y sostienen en sus cabezas. Y hablo de decidirse por un estudio, por un trabajo, por una orientación sexual, por la pareja, por el género, etc., por todo lo que sale de lo esperado. Con los típicos argumentos de "vas a sufrir", "te vas a cagar de hambre", "te vas a alejar de todos los que te queremos", "te lo decimos por tu bien", los adultos ejercen su dominio cruel sobre las libertades de los hijos. Sacarse "tanto peso de encima" no es tarea fácil, sobre todo cuando la mirada vigilante de ellos está cerca. Pero, aun si no existiera, la vigilancia está internalizada de diferentes maneras y custodia cada una de las acciones aprobando o reprobando las mismas. Resolver esta situación es una de las primeras tareas esperables para delimitar la propia vida y la ajena.

El ejercicio de ser uno mismo con los otros

A medida que tomamos conciencia de quiénes somos, se establece una separación necesaria con el afuera, incluido, por supuesto, el mundo social. Sin embargo, así como se establecen aspectos identitarios que son la referencia personal, no es suficiente, necesitamos saber más y eso implica un ejercicio que nos conecte con la interioridad: cómo somos, cómo queremos ser, como creo que me ven los demás, etc. Cada vez más se exige contundencia y rapidez en las decisiones que se deben tomar como si el tiempo que marcan los días y los años no coincidiera con la capacidad para procesar las alternativas que están a la vista. Frente a esta dificultad cada vez mayor de hacer concordar los tiempos externos con los externos nos aferramos a "lo que debe ser" sin siquiera preguntarnos si estamos dispuestos o somos capaces de hacer frente a las exigencias. Los seres humanos nos vamos alejando poco a poco de nuestro fuero interno para responder con acciones a las preguntas del medio. Y quizá en este tránsito sin paradas de descanso aparecen atisbos para detener la marcha, pero quedan sepultados por la corrida urgente. Los seres humanos somos sujetos gregarios porque estamos preparados para ser y estar con otros. Es una capacidad humana que aparece desde el recién nacido con conductas instintivas y se vuelve más compleja a medida que avanzamos en edad y dejamos de lado los impulsos primarios para dar paso a los deseos que rigen la vida autónoma. Ser con otros se convierte entonces en una experiencia que tendrá diferentes facetas que van desde el resguardo hasta la exposición de lo que debería ser privado para complacer o satisfacer la demanda externa. Es esta interacción intersubjetiva la naturaleza de toda relación humana. Y según el tipo de vínculo el cuidado de lo personal tendrá sus variantes. No es lo mismo una relación entre pares marcada por la igualdad de condiciones y de derechos (amigos, compañeros de trabajo, pareja, etc). que una relación signada por la diferencia (madre/ hijo; empleador/empleado; profesor/alumno, etc.,). Los códigos de relación serán diferentes y así las conductas resultantes. La individualidad es regla sin importar qué tipo de vínculo se establezca. Como hemos dicho en capítulos anteriores, la vida privada, aunque se restrinja a algunos espacios de introspección, hasta de soledad, es tan importante como la sociabilidad. Habrá personas que necesitan más contacto consigo mismas, y otras a las que les cuesta y buscan estar con otros en forma permanente. Pero el tema no es eso solo estar con uno o con el otro, sino es no dejarnos de lado en esa interacción obligada. Insisto en la importancia de la autonomía, solo de esa manera las capacidades intrínsecas pueden dar a luz y desplegarse.

Hace muy poco una paciente con déficits cognitivos por la demencia de Alzheimer me contaba las diferentes actividades que realiza día a día y de qué manera, manteniéndose activa, le pone límites a la enfermedad. Quizá si no tuviera este convencimiento los síntomas hubieran avanzado rápidamente. En su relato había muchos olvidos, me preguntaba ¿esto ya se conté, no?, sin embargo, más allá de esas fallas de la memoria, el deseo de defender su integridad mental era su objetivo diario. Sin ir tan lejos, cada uno de nosotros tiene alguna lucha con ese otro real o internalizado que nos obliga a realizar cambios adaptativos. El trabajo, la pareja, la familia, los amigos, los vecinos, el medio social circundante, lo macro y lo micro social hacen mella en la subjetividad por más que tratemos de preservarnos. Pienso que en la vida existen sucesos que realmente merecen una consideración especial porque son únicos, nos enaltecen, traen felicidad o provocan un vacío por aquello que quisimos mucho y ya no está. El resto son hechos que van y vienen, un sinnúmero de sucesos cargados de preocupación, de enojos, de problemas que se presentan sin una solución aparente y que el tiempo ordena hasta que pierden sentido. Quizá sea necesario cada vez más poner en la balanza la dimensión de los hechos para no darle más importáncia de la que tienen. Cada problema seguramente ofrece más de una posible solución, a veces es la espera, en otros casos, implementar medidas para encararlo. Siempre será mejor afrontar que evitar o dejar de lado, excepto que haya que actuar con cautela y establecer con tiempo las acciones a seguir. Tomar decisiones "en caliente" tampoco ayuda, excepto que exista violencia y obligue a actuar en forma urgente. Ahora bien: ¿tenemos que llegar a la madurez de la vida para recién poder pensar en lo que somos, en el significado de la existencia, en la autenticidad de las acciones cometidas, en el tiempo ganado o perdido? Creo que no, la madurez debería ser una etapa para disfrutar de lo realizado porque el balance ha sido hecho en todo el tránsito hasta llegar a la vejez. Y seguirá el desafío con los años y la experiencia encima. Así como en el ejemplo de la paciente convencida en hacer frente al deterioro de la demencia, la continuidad de la experiencia vital debe ser un reto permanente. Y solo se apagará con la muerte.

¿Es posible armar un decálogo para ser Uno Mismo con otros?

Lo intentaré:
1. La fuerza vital tiene dos direcciones: hacia el sí mismo y hacia los otros. De ambas obtenemos refuerzos positivos para el Yo.

2. Del equilibrio entre las dos fuerzas dependerá la dinámica de la personalidad. Si solo consigo refuerzos en Mí Mismo se pierde contacto con el otro y la conducta será egoísta; por el contario, si solo obtengo logros por lo que me dan los demás, la conducta extrema será de dependencia.

3. Los valores humanos se afianzan cuando esta dinámica contribuye al bien personal y al bien común.

4. Todos necesitamos desarrollarnos y crecer en un espacio social, pero de nosotros depende no sucumbir a las reglas que imponen las sociedades y las culturas.

5. La ambición, la codicia, la búsqueda desesperada de éxito, los modelos de belleza, los imperativos religiosos, la hipocresía bajo el manto de "corrección", la discriminación, la violencia en todo sentido, la denigración del otro, la ignorancia y la frivolidad como regla de pertenencia social, etc. atentan contra toda evolución humana.

6. El cuidado personal debe ser condición. Cada uno sabrá cuándo decir basta a situaciones nocivas para la integridad. Cuando aparece violencia de cualquier tipo: denigratoria, posesiva, de control, de hecho, no hay que esperar: compartir lo' que sucede con personas confiables, pedir ayuda a centros especializados.

7. La soledad no es buena consejera, a menos que se elija estar o ser solo. Pero la mayoría de las personas

no quiere estar sola. Siempre será mejor salir que quedarse con el dolor frente a un televisor que espanta fantasmas.

8. La toxicidad de las personas existe, quizá no lo son para otros, pero cuando uno siente la manipulación, los reclamos, las demandas constantes, la densidad que abruma por el discurso pesimista, es mejor correrse que seguir siendo afectado por un vínculo dañino.

9. En toda relación con un compromiso afectivo tiene que existir reciprocidad. Algo se deja para estar con el otro. "hoy por ti, mañana por mí".

10. Nadie se debe sentir obligado a hacer nada si no lo desea, en todo caso será mejor explicitar los motivos. El desafío es crear acuerdos cuando existen desacuerdos de base.

Ser uno mismo en el marco social y cultural que moldea la existencia no es nada fácil. La mirada crítica del afuera está internalizada como una certeza y aunque no ocurra estaremos pensando en cómo será evaluado por los demás. El individualismo surge como un extremo defensivo ante la creencia del avance externo: "pienso en mí y no me importa qué digan los demás". La conducta centrada en uno mismo la observamos en un extremo patológico en los sujetos narcisistas que pareciera que nada precisan de los otros, es más están convencidos de que los otros son los que precisan de ellos. Pero sin ir a tal extremo, las sociedades actuales promueven la cerrazón de los individuos como una manera de no verse afectados por el afuera y que puedan seguir con sus proyectos sin intermediaciones nocivas. Estas personas que "ven la vida como por un tubo", sin observar ni dejarse llevar por lo que ocurre alrededor creen que han logrado una independencia salvadora cuando en realidad lo que están haciendo es responder a un sistema de control que les quita habilidades de afrontamiento y empobrece el Yo.

El individualismo somete al sujeto a un sistema cerrado que solo encuentra refuerzos en sus logros personales distanciándose de todo tipo de dolor. Y, como decíamos antes, enfatizar y orientar la vida desde un extremo, despreciando y devaluando a las infinitas posibilidades de respuesta impide poder integrar esos opuestos y menos que menos considerar la gama de opciones entre ellos. El sujeto que se cree independiente y encuentra solo su alimento en sí mismo además de ser egoísta es más dependiente que cualquier mortal. Depende solo de sí que es además una construcción mental de lo que cree ser. Una sobreactuación que vuelve siempre sobre el mismo personaje, que repite y admira porque es su construcción más lograda, pero no deja de ser eso: un enamorado de su propia y falsa imagen.

Gratitud y felicidad

Por Silvia Pérez

Este valor es fundamental para mí. Cuando me pasa algo malo, siempre pienso que podría haber sido peor y entonces agradezco. Sin embargo, a veces me encontré diciendo que estoy muy agradecida por tanto que me ha dado esta carrera de artista, mi rol de mamá, el bienestar con el que convivo, para luego preguntarme: ¿Cómo es ese agradecimiento del que hablo? ¿Cómo se manifiesta? Luego llego a la conclusión de que no estoy muy satisfecha con mi manera de vivir el agradecimiento, ¿Por qué? Porque la palabra "debería" es la condena más grande con la que vivimos todos aquellos que somos libres, y no nos damos cuenta muchas veces del peso que carga sobre nuestras espaldas.

Sí, claro que soy agradecida, y amén de lo que el sistema quisiera que haga para demostrarlo, mi simple manera de manifestarlo es no quejarme, dar todo lo que puedo, y tener la conciencia de que la historia de vida que me está tocando protagonizar, está matizada de mil colores, como la naturaleza. Y es así de maravillosa, como la naturaleza misma. Fíjense, acá estoy escribiendo y compartiendo con ustedes estas intimidades que nos unen y nos abrazan en el universo.

Dicen y creo que las personas felices suelen ser las agradecidas, pues bien, me viene a la memoria el "hermano David" conocido en el mundo como "brother David". Un monje benedictino, nacido en Austria, con una dedicación entusiasta hacia el poder de la gratitud. Lo escuché una charla TED de hace pocos años atrás que se titula: "¿Quieres ser feliz? Se agradecido". Comenzaba diciendo algo que ya hemos mencionado en este libro: "Hay algo que cada uno de nosotros conoce del otro, y que trasciende sus pensamientos, su forma de ser, de vivir, su profesión, todo". Lo que prima en cada ser humano es ser feliz. Ahora bien, cómo imaginamos esa felicidad, difiere en cada uno. ¿Cómo se conecta la gratitud con la felicidad? El que es feliz no necesariamente es agradecido, ya que todos sabemos que hay mucha gente que, sintiéndose feliz con lo que tiene, no lo puede ser completamente porque quiere más y más, corre o pelea por el poder, y nunca termina de estar satisfecho. Y, en cambio, muchos otros que no tienen tanto agradecen cada día lo que se les es dado y se sienten felices. Entonces no sería la felicidad la que da gratitud, sino la gratitud la que otorga esa felicidad.

Pero qué significa realmente ser agradecido. Apelando a la experiencia de cada uno, pensemos qué es lo que nos hace bien y nos gusta. Cuando algo valioso y que nos gusta se nos da, algo que no nos cuesta nada, que no compramos, que no nos esforzamos por tener, sino que se nos "regala", entonces nace espontáneamente el agradecimiento y en el corazón surge la felicidad. Entonces la clave estaría allí. Pero no podemos experimentar gratitud de vez en cuando. Tendríamos que vivir en gratitud. ¿Y cómo podemos hacerlo? Tomando conciencia de que cada momento se nos es dado, es un regalo de esta vida, y muy valioso. Y cuando termina un momento inmediatamente llega el otro sin que lo pidamos sin que se nos cobre por él. Este presente es la oportunidad de experimentar. Ese es el regalo: la oportunidad. Cada momento es un nuevo regalo, una y otra vez, y si se pierde la oportunidad de ese momento, enseguida se nos da otro. Podemos aprovecharlo o dejarlo. Aun así, otro vendrá. Otro regalo, otra oportunidad para tomarlo y aprovecharlo.

Esto no significa que podemos estar agradecidos por cada momento, no podemos estar agradecidos por la guerra la violencia, la explotación, la muerte de seres queridos, el desamor, la violencia. Entonces no se puede estar agradecido en muchas circunstancias, pero el monje austríaco de la charla TED nos dice: "Si podemos estar agradecidos por cada momento que se nos brinda aun confrontando las circunstancias más terribles, es porque tenemos la oportunidad de hacerlo". Pero no nos damos cuenta de esta revelación: estamos corriendo en la vida, pasando de largo. Sin embargo, cuando se presenta algo muy terrible o doloroso, esa es la oportunidad de tomar conciencia. Oportunidades para levantarnos, para aprender, para sufrir. Si fracasamos, siempre tendremos otra oportunidad. Y así con todo. Este es el gran regalo de la vida. ¿Cuál es la clave para llegar a esta conciencia de vivir agradecidos momento a momento y no solo de vez en cuando? Una fórmula tan simple, similar a cruzar la calle: pare, mire, avance. El problema es parar porque vivimos corriendo. Este es el punto más importante: parar, observar las señales y cruzar. Experimentando cada momento como un regalo. Pero quizá nadie piensa que cada instante de la existencia sea un regalo, una oportunidad para hacer, para tomar decisiones, hasta para sufrir y aprender de ello. Personalmente quería compartir este concepto que me resulta interesante, aunque no fácil de experimentar, pero siempre lo recuerdo y me ayuda, sobre todo en esas circunstancias en que la vida se presenta con tanto caos que la palabra felicidad parece muy distante.

Epílogo

Escribir este libro sobre un tema tan caro a la existencia
ha sido un gran desafío. A medida que nos acercábamos
al concepto, más nos alejábamos de él. Se hacía imprescindible desgranar el cuerpo de la noción de felicidad para
descubrir las mil y una posibilidades que se hallan en su
seno. Felicidad es capacidad; por lo tanto, así considerado el término encuentra diferentes puntos de anclaje en la
existencia, que hacen que no sea solo una idea abstracta.
La felicidad; término bastardeado, simplificado o exaltado,
pero difícil de ubicar en la medida justa de la construcción del ser. Quizá la dificultad para otorgarle significado
se deba a la impotencia que sentimos cuando queremos
asirla, aprehenderla como sentimiento y que no nos aban-
done. Es tan fugaz su manifestación que el hecho de presentarse en nuestras vidas trae consigo la idea de perderla.
Por tal motivo, recortarla como objeto de indagación, de
estudio, requiere más que de trabajos científicos, de la propia experiencia subjetiva, así como la de aquellas personas
que dan testimonio de cómo la felicidad se convierte en un
compromiso personal.

El concepto desarrollado en estas páginas ubica a la felicidad como el resultado de capacidades innatas que hay que desarrollar para estar más cerca del bienestar. Así como los fenómenos fisiológicos sostienen la vida humana, también las capacidades psicológicas y espirituales están esperando ser tenidas en cuenta para su despliegue. Quizá puedan aparecer espontáneamente, pero muchas veces, la mayoría de las veces, tendremos que volver la atención hacia nosotros mismos y preguntarnos si lo que hacemos nos complace, si estamos siendo congruentes con los deseos más genuinos o solo es una mascarada para cumplir con las pautas del afuera.

La sabiduría del cuerpo y del mundo emocional no serán fáciles de engañar por estas apariencias, en algún momento, un suceso, una circunstancia previsible o fortuita nos pondrá frente al dilema de la cuestión existencial: "qué hago con esto cuando ya probé todo lo conocido". Es ahí, en ese momento, cuando la oportunidad de abrir la percepción, los sentidos y el pensamiento, intentarán rescatar el lugar relegado. Porque en realidad tomar conciencia de estas capacidades, dejar que se expresen, liberar funciones reprimidas, despertar las adormecidas debería ser un ejercicio permanente que no se descubre si no se lo considera un problema a resolver. Y no es nada menor, porque ese problema compromete a la misma existencia por sobre todas las cosas. Y aunque a veces deseamos no tener ningún tipo de desafíos y que la vida sea como un largo paseo placentero, sabemos que eso no sucede; recurrir a varias herramientas espirituales y a la voluntad de hacer introspección y trabajar para superarnos e ir revelando el propósito de esta existencia es un trabajo diario que aliviana los pesares.

Cada vez que la oscuridad nos acecha recordemos que también trae el beneficio de encender la luz. Aquellos que han superado las decepciones, los desengaños, los deseos fallidos, la enfermedad, la muerte de un ser querido, un abuso, cualquier tipo de trauma, nos revelan esta experiencia de crecimiento. En definitiva los desafíos, nos gusten o no, son oportunidades de oro para abrir nuestros corazones, para sentirnos más integrados a las vidas de los demás.

Si bien el tiempo es un factor que sana no dejemos que sea solo él el que cure el alma, así como nos comprometemos con infinidad de proyectos para crecer y estar mejor en la sociedad, el primer y gran compromiso es con nosotros mismos, solo de esta manera el bienestar personal se convierte en bien común. No esperemos que las soluciones lleguen de la gran estructura social. El camino es justamente inverso. De lo micro a lo macro, de la pregunta individual a la pregunta colectiva. De los propios cambios se provocan modificaciones en el entorno. Lo vemos con las conductas violentas como se replican desde la individualidad al medio familiar, de allí al entorno próximo, a los medios de comunicación, a la sociedad toda. Será entonces un compromiso de todos revertir lo conocido para el mal y transformarlo en bien. No es un sueño ni una utopía. Es una responsabilidad que nos cabe a todos por igual.

Silvia Pérez,
Walter Ghedin.

Índice